INERCIA

ATRÉVETE A **D**ISEÑAR TU **V**IDA

INERCIA

ATRÉVETE A **D**ISEÑAR TU **V**IDA

Descubre cómo salir de una
Relación Tóxica sin culpa,
ni arrepentimiento.

#metodocenicienta

Nota a los lectores: Esta publicación contiene las opiniones e ideas de su autora. Su intención es ofrecer material útil e informativo sobre el tema tratado. Las estrategias señaladas en el libro pueden no ser apropiadas para todos los individuos y no se garantiza que produzcan ningún resultado en particular. Este libro se vende bajo el supuesto de que ni la autora, ni el editor, ni la imprenta se dedican a prestar asesoría o servicios profesionales legales, financieros de contaduría, psicología u otros. El lector deberá consultar a un profesional capacitado antes de adoptar las sugerencias de este libro o sacar conclusiones de él. No se da ninguna garantía respecto a la precisión o integridad de la información o referencias incluidas aquí, y tanto la autora como el editor y la imprenta y todas las partes implicadas en el diseño de la portada y distribución, niegan específicamente cualquier responsabilidad por obligaciones, pérdidas o riesgos, personales o de otro tipo, en que se incurra como consecuencia directa o indirecta, del uso y aplicación en cualquier contenido del libro.

Este libro no podrá ser reproducido, ni total ni parcialmente, sin el previo permiso escrito de la autora. Todos los derechos reservados.

Título: *INERCIA*
© 2019, Carmen Sales Ramírez

info@carmensalesramirez.com
Autoedición y Diseño: Carmen Sales Ramírez
De la edición y maquetación: 2019, Carmen Sales Ramírez

Primera edición: noviembre 2019

La publicación de esta obra puede estar sujeta a futuras correcciones y ampliaciones por parte del autor, así como son de su responsabilidad las opiniones que en ella se exponen.

Quedan prohibidas, dentro de los límites establecidos por la ley y bajo las prevenciones legalmente previstas, la reproducción total o parcial de esta obra por cualquier medio o procedimiento ya sea electrónico o mecánico, el tratamiento informático, el alquiler o cualquier forma de cesión de la obra sin autorización escrita de los titulares del copyright.

INERCIA

Atrévete a **D**iseñar tu **V**ida
Y da el PASO DE
INVISIBLE A INVENCIBLE

Carmen Sales Ramírez

Este libro pertenece a:

_____

Porque tu historia me importa y mi deseo es ayudarte a RESETEAR tu vida, necesario para que alcances tus sueños, enfrentándote a todos los desafíos diarios.

Firma y fecha: _____

ÍNDICE

PRÓLOGO. 11
TESTIMONIOS 13
AGRADECIMIENTOS 17
SIENTE CADA FRASE 21
INTRODUCCIÓN 31

Primera parte:
PRESA DEL PASADO
Crónica de una muerte anunciada

1. Mentiras que se creen. 59
2. Descubrimiento y consciencia 71
3. Verdades que te hacen libre. 83

Segunda parte:
CENICIENTA INVISIBLE

4. ¿Por qué sigues ahí? 95
5. Adicta a la máscara de la felicidad. 107
6. Sobrevivir a toda costa. 119

Tercera parte:
REINA INVENCIBLE

7. El proceso de recuperación.................131
8. Método Cenicienta® #12campanadas.........143
9. La vulnerabilidad empieza con uno mismo......159

NUEVAS RELACIONES.......................170
SINTETIZANDO............................171
CONTRATO CONMIGO.......................175
GUÍA RÁPIDA.............................177
BIAGRAFÍA...............................181

PRÓLOGO

Me gustaría no tener que escribir este prólogo, que este libro no lo comprase nadie y que fuese un auténtico fracaso.

Me gustaría que fuese una gran pérdida de tiempo para su autora y que la gente se riese al verlo en las librerías.

Me gustaría que nadie necesitase leer algo así, que sobrase completamente en la vida de una mujer y que Carmen fuese la única que hubiese pasado por un momento parecido.

Pero una cosa es lo que me gustaría a mí y otra muy diferente es la realidad del día a día.

Por ese motivo cuando Carmen me pidió que le escribiese el prólogo de su libro para ayer (literalmente) le dije que sí, que sacaría tiempo de dónde fuese y así he hecho.

Y la razón por la que escribo este prólogo es porque en mi vida he conocido a demasiadas **Cenicientas**.

Mujeres hermosas, poderosas, radiantes y merecedoras de una vida extraordinaria que en algún momento perdieron **su poder**, se lo quitaron, lo cedieron inconscientemente y se encerraron en la jaula del "no valgo, no soy suficiente, no merezco más…"

Mujeres con la cara divida entre sonrisa forzada en sus labios y la tristeza disimulada en sus ojos.

Mujeres que siempre están perdonando con culpa, esperando que algún día la cosa cambie a mejor y que el sapo, por fin, se convierta en el príncipe que una vez le contó que sería para ella.

Mujeres cegadas por el miedo ante la evidencia de una relación que solo les resta y rara vez les suma. Una relación que día a día apaga su luz hasta que al final solo queda una pequeña llama del gran sol que es.

Demasiadas mujeres conozco y posiblemente tú también, así es que surgen preguntas:

¿Por qué pasa esto con tanta frecuencia?

¿Por qué una bella flor se convierte en el felpudo de la frustración de alguien?

¿Por qué no simplemente abrir la ventana, desplegar las alas y volar hacia la libertad?

Pero lo que realmente tú y yo queremos descubrir es:

¿Por qué pasa esto?

¿En qué momento pasa esto?

Y quizás la pregunta que ahora tú te estés haciendo es:

¿Cómo hago para salir de esta jaula sin miedo ni culpa?

Pues este libro es la respuesta a todas estas preguntas. Además, no está basado en conceptos, ideas y reflexiones sino en la experiencia personal de su autora, que una vez al igual que tú, estaba presa en una jaula de mentiras, culpas, miedos y arrepentimiento.

Prepárate porque, aunque suene a cliché, este libro te cambiará la vida totalmente. Descubrirás en qué momento empezó todo, lo que supuso para ti y lo mejor de todo: Cómo retomar las riendas de tu día a día para volar hacia la vida que siempre te has merecido.

Este libro y su autora son tu Hada Madrina. Tu porqué, tu para qué y tu cómo. Este libro es la llave de tu libertad.

Tino Fernández Valls.
Interventor Estratégico.

TESTIMONIOS

Si estás leyendo este libro es sin duda porque tu Inercia te está llevando al cambio, acompañándote Carmen, su autora. Los desafíos podemos integrarlos y comprenderlos como un paso hacia nuestros sueños, cambiar nuestra vida de triste Cenicienta a un nuevo estado de creencias. Carmen ha transitado un camino que al principio le parecía lo mejor, pero tras años de crecimiento interior se dio cuenta que quería cambiarlo para avanzar con un nuevo paradigma, respetarnos a nosotros mismos, honrarnos y vivir en paz, libres de ataduras inservibles que nos convierten en marionetas de los demás. Su mirada cambió, hacia su propia luz interior, la que todos tenemos y a veces olvidamos. El cambio está llegando, TU CAMBIO ES AHORA. Te deseo miles de Bendiciones.

Paz Esteve, escritora y formadora.

Cuando pusiste en mis manos Inercia, presencié el nacimiento de tu verdadero ser, sin máscaras, la real y auténtica, esa mujer fuerte y valiente, pero a la vez vulnerable, que es capaz de dejar a la luz esas heridas tan profundas que llevas como equipaje. Gracias por abrirme los ojos y demostrarme que cuando se cierra una puerta se abre una ventana. Te amo infinito.

Montse Tomás Rabasot.
Administrativa de una multinacional.

Te invito a que me envíes tu testimonio, porque quiero crear un libro vivo y que edición tras edición tú seas el protagonista. Que me digas que te aparecido y lo que te ha ayudado. Empieza a ser vulnerable y déjame que te exponga en mi libro.

Este libro está dedicado
a todas las personas
que quieren transformarse de
CENICIENTA INVISIBLE A
REINA INVENCIBLE.

AGRADECIMIENTOS

GRACIAS.

A todos los que se han cruzado en mi camino y que, por los procesos de coaching, charlas, eventos mi mensaje ha germinado en ellos como semillas de amor, y estas han florecido transformando su vida.

En agradecimiento a los miles de preciosos mensajes recibidos que me han llenado el corazón. A sus reflexiones y palabras maravillosas que han sido un regalo y fuente de inspiración para continuar este viaje extraordinario. AHORA es el momento de que yo les dedique mi mayor aplauso.

GRACIAS VALIENTES.

GRACIAS.

A ti que estás leyendo este libro con el único propósito de transformarte, dejando de
SER INVISIBLE para SER INVENCIBLE.

GRACIAS.

A mis hijos Roger y Berta, ellos son mi eje, mi fuerza
OS QUIERO MUCHO

GRACIAS.

A ti Pep,
que ERES la causalidad más bonita que llegó a mi Vida. Tú me has enseñado que amar a una persona es VER toda su MAGIA y RECORDÁRSELA CUANDO LA HAYA OLVIDADO.

Con tu pasión me has hecho creer en lo que hago y eso a la vez me da fuerzas para persistir.

Detrás de nuestros miedos nos aguardan nuestros sueños más preciados. **Te amo.**

GRACIAS.

Tino Fernández.

Mi agradecimiento es infinito.

Me has enseñado y acompañado en todo mi proceso y he diseñado una vida nueva.

Por las sesiones e Intervención que hicieron posible encontrar mi PODER y VALOR.

GRACIAS.

A mis PADRES por darme

una vida maravillosamente mágica.

Victoriano y Carmen.

Ha llegado el momento de la Verdad.
La **VERDAD** más absoluta.
Sería egoísta si me la guardara.
He de confesar que el trabajo en mí ha sido muy duro, pero ha valido la pena y estoy preparada para desvelar lo que un día quise ocultar, quise olvidar.
Cuando en realidad ese fue
mi **DETONANTE**
que hizo que perdiera
mi **PODER**, mi **VALOR**
y descubrirás como repercutió
en el resto de mis **DECISIONES**.
Con **INFINITO AMOR**.

Carmen.

Dedicado a todas las mujeres
que perdieron su
PODER Y VALOR.

SIENTE CADA FRASE,
pero antes coloca tu mano sobre el corazón.

Cuando una puerta de la felicidad se cierra, otra se abre; pero a menudo miramos tanto tiempo a la puerta cerrada que no vemos la que ha sido abierta para nosotros. **-Helen Keller**

He aprendido que la gente olvidará lo que has dicho, olvidará lo que hiciste, pero no olvidará nunca lo que les hiciste sentir. **-Maya Angelou**

Haz una cosa al día que te dé miedo. **-Eleanor Roosevelt**

Creo que la risa es el mejor quemador de calorías. Creo en besar, besar mucho. Creo en ser fuerte cuando todo parece que va mal. Creo que las chicas felices son las más bellas. Creo que mañana es otro día y creo en los milagros. **-Audrey Hepburn**

Siempre hacía cosas de las que no estaba preparada para hacer. Creo que así es como creces. **-Marissa Mayer**

Son nuestras elecciones las que muestran quiénes somos realmente, mucho más que nuestras habilidades.

-J.K Rowling

Solía andar por la calle como si fuese una super estrella. Quiero que la gente ande por ahí ilusionadas por lo grandes que pueden ser y que luchen duro para que la mentira se haga verdad. **-Lady Gaga**

Cuántas preocupaciones se pierden cuando alguien no decide ser algo, sino alguien. **-Coco Chanel**

Todas son frases de mujeres escritoras, cantantes, emprendedoras. Todas ellas pueden ser una parte de ti, si te han vibrado léelas cada día y crea tu mentalidad de poder, pronto serán parte de ti.

Desde lo más profundo de mi corazón deseo que hoy con este nuevo libro te lleves un pedacito de mi corazón. **-Carmen Sales**

EL CAMBIO ES POSIBLE PARA QUIENES SE

Atreven a Diseñar su Vida.

Arquitecta de Corazones,

Diseñando Interiores.

Todo cambio empieza cuando tomas una decisión...
¿Estás preparada para tomarla?

*Veo que pasas la página, pero no oigo tu respuesta...
Si estás leyendo y no tomas acción,
pierdes el tiempo,
porque una decisión sin acción
es tiempo perdido.*

RESPONDE EN ALTO
VERBALIZA TU RESPUESTA
CRÉETELO.

Nada cambiará si tú no quieres.
¿Estás preparada?
¿Quieres tomar una decisión?
Toma tu Brújula, respira profundamente,
Sonríe justo así 😁
ese es tu propio Aliento de Vida que
te da el Poder para coronarte como
lo que has venido a SER.
TÚ YA NACISTE GANANDO.

INTRODUCCIÓN

Todos tenemos secretos que escondemos por miedo y vergüenza.

Después de los tres libros que tengo publicados, deja que te cuente, porque he escondido un secreto que he llevado guardado toda mi vida. Fue un impacto emocional que me robó mi poder y valor, siendo la clave de mis creencias durante parte de mi vida.

Me siento en deuda contigo, tanto si ya has leído mis otros libros como si me conoces por primera vez. **Los corazones atormentados solo descansan cuando comparten sus miserias, sus miedos, sus vergüenzas y dejan caer sus máscaras.**

Los dramas nunca me han gustado, simplemente porque soy de las que pienso que la vida es maravillosamente mágica, así que aprovecha todo lo que te llega porque es puro aprendizaje.

NO TIENES DRAMAS EN TU VIDA, TIENES PROBLEMAS A RESOLVER.

Bajo este lema he desarrollado mi vida, el reto ha sido resolver mi gran Secreto, ya que cuando gestionas y acabas con los problemas que se te atragantan, consigues desahogarte y eso es lo más razonable que te puedo decir, lo que yo llamo DESAHOGO RAZONABLE. Es parte de la ley causa efecto, se atraganta y te desahogas.

La vida te trae las circunstancias que puedes soportar, aquellas que sabe que puedes vivir y de las que vas a aprender. Depende de tu Actitud que puedas resolver dichas situaciones de una manera u otra.

Uno de los ingredientes y más importante es la Serenidad. Mantén tu Serenidad SIEMPRE, ya que las cosas son como son. No gastes energía de manera involuntaria por un arrebato. Gasta tu energía construyendo, creando todo aquello que sume delante de la crisis. Toda crisis llega para hacerte avanzar, para abrirte los ojos y para enseñarte aquello que todavía no ves.

NUNCA puedes retroceder una jugada, pero siempre puedes elegir tu actitud. Suma instantes vividos, instantes fantásticos, ya que en el momento que pierdes tu ACTITUD entras en MEDIOCRIDAD, y tu vida se transforma en mediocre, vives amargada y de mal humor. Ahora dime cuantas personas conoces que están en esta situación y desconocen que detrás de todo eso hay un motivo, un detonante que les hizo ser quienes son ahora.

Si las conoces haz una cosa AHORA, coge el teléfono y llámalas. Sí, tal como te estoy diciendo. Acuérdate SERENIDAD y ACTITUD. Yo sería egoísta si no te contara todo esto, pero tu serías egoísta si no lo compartieras con nadie. ¿Sabes la de personas que están de mal humor y amargadas simplemente porque no saben resolver?

Cuando resuelves, trabajas con las matemáticas y así fue como me enseñó mi padre a avanzar, sumando y multiplicando los logros. Solo lo consigues cuando divides objetivos en pequeños retos y restas importancia a lo que realmente no te suma, gestionando tus problemas con desahogos razonables.

Fue así cuando después de escribir mi primer libro ALIENTO DE VIDA, cogí las riendas de mi vida y empezó mi transformación. Dicen que hasta que no eres consciente de las situaciones que vives no puedes enfrentarte a la realidad.

Así que la vida me propuso un reto muy importante: vivir en el lugar que bajo la mejor intención de mis padres iba a ser lo mejor para mí. Aunque, que simpática la vida, me quería enseñar mi desarrollo de una forma un tanto peculiar.

Solo te digo que estés atento a lo que te voy a explicar porque los patrones que se aprenden a cierta edad se mantienen en el tiempo si no sabes gestionarlo y se repite lección para que aprendas lo que realmente necesitas.

Así que vamos allá, aunque te he explicado ya tantas veces mis orígenes que esta vez te va a sonar a chino. Antes de nada, te pido disculpas, tenía miedo y vergüenza y lo único que sabía hacer era huir y esconderme, uno de los pilares de la tríada del miedo.

Aunque no sabes lo que te voy a explicar déjame antes decirte:

- **Lo siento** no sabía cómo hacerlo y mi intención positiva fue no hacer daño a mis padres.
- **Perdona** si te has sentido engañado/a, pero tú me has conocido a una parte de mí, ahora te mostraré otras que quizás resuelvan la ecuación.
- **Te amo** porque sé que tú también en el transcurso de tu vida has podido vivir una situación parecida y ha llegado el momento de que disfrutes de tu vida.
- **Gracias** por continuar aquí leyéndome y acompañándome en el proceso.

EXISTE UNA PANDEMIA SILENCIOSA que soportan muchísimas personas haciéndoles sentir aislados, confundidos, que no les permiten escapar de sus miedos, culpas y arrepentimiento. Esta pandemia silenciosa te roba tu poder y tu valor y te transformas en una persona pequeñita, insignificante a tus ojos. **Eso es lo que me ocurrió a mí.**

Antes de contarte qué es INERCIA, quiero explicarte mi Gran Secreto.

Tenía apenas 4 años recién cumplidos cuando operaron a mi padre. Era la pequeña de la familia y tuve que ir a vivir con mis tíos.

Voy a desnudar mi alma y con la mano en mi corazón te diré que no quería ir a vivir con ellos. No me gustaba su forma de vivir el día a día. Realmente me sentía fuera de lugar. En casa me sentía querida, y allí me sentía que no encajaba, seguir órdenes y si no las seguía, había castigos.

Fui una niña herida que fui creciendo y encontrando dificultades que me generaron conflictos internos que no sané ni integré. Buscaba cubrir necesidades, básicamente sentirme querida y poco a poco aparecían otras heridas como la aceptación.

Me sentí abandonada a la suerte de la vida debido a la operación de mi padre, sintiéndome a la vez rechazada por mi madre porque tenía que estar con él. Eso es lo que crea tu mente para justificar las emociones vividas. Todo esto, no eran más que creencias propias.

Todo ello provocó una serie de consecuencias y miedos. Debido a la herida del **Rechazo**, me **Retraía** ante situaciones que no controlaba, temía morir lo cual me decía a mí misma que no tenía derecho a vivir. Me sentía poca cosa y sin valor. De esta forma me aislaba en mi mundo de colores y cuando fui mayor lo que hacía era interesarme por todo tipo de cursos, congresos, másters, en definitiva aprender y obtener VALOR.

Debido a la herida del **Abandono**, sufrí **Dependencia** ante situaciones que no conocía creando una actitud y comportamiento dependiente, buscando atención, apoyo y protección. Recuerdo que no comía demasiado y caía enferma con el único objetivo de ser atendida, de sentir amor.

Pero la siguiente herida que sufrí fue **Humillación, o lo que es igual al masoquismo emocional y mental.** Llegó justamente 2 años antes de que me bajara mi primera regla y duró justo hasta que me bajó. Un familiar mío, se creyó en el derecho de abusar de mí. Abuso mental, físico y sexual.

Te aseguro, que olvidé todas las heridas que surgen de tus propias creencias. Ya que cuando aparece la humillación, y se manifiesta en muchas de sus formas tanto en abuso psicológico, físico y sexual, te puedo confirmar que todas ellas llevaban un abuso invisible que te dejan cicatrices que perduran durante mucho tiempo y transforman tu identidad.

Él me robó mi mayor bien, que no es otro que el VALOR y el PODER de decisión.

Empezaba a rechazar toda emoción por miedo a perder el control y sentir vergüenza. Silencié mi SER por miedo a perder a mi padre, otra creencia que me impuse como salvadora de su vida.

Eso me trasladó a servir para que me quisieran. En el fondo y por callar y olvidar lo ocurrido, me sentía sucia y vacía. Eso dio paso a mi comportamiento en la adolescencia y madurez.

Quien no decide, no tiene vida propia.

Empecé a tener una personalidad fuerte, me había traicionado a mí misma, ya que accedía a los demás por no salir de mi zona de confort y controlar la situación. Era una forma de sentir seguridad.

Buscaba SER especial e importante y de esa forma llenaba el vacío que me habían provocado todas las heridas que guardaba en mi corazón.

Cuando estás viviendo estas situaciones no eres consciente de lo que te ocurre, y tu EGO enmascara lo que otros ven. Desconfías totalmente de lo que te dicen y modificas sus palabras para no sentir dolor.

Solo quedaba aceptarme tal y como era, ver lo que estaba ocurriendo y plantar cara a las circunstancias. Nada más lejos de la realidad. Me transformé en una persona perfeccionista que no admitía vivir problemas, cansada de los dramas e incluso ignoraba mi malestar físico, sin marcar límites. La herida de la **Injusticia** se reflejaba en mi **Rigidez**.

¿Te gustaría Atreverte a Disfrutar tu Vida?

Si te ves reflejada en una de estas heridas sigue leyendo porque te voy a dar las respuestas. Estas heridas se sanan cuando te aceptas totalmente y aceptas e integras tus emociones.

"Venimos a aprender aceptando y amando incondicionalmente partes de nosotros que hasta ahora han vivido ignoradas y con miedo. Elegimos padres con heridas como las nuestras para recordarnos qué hemos venido a amar. El amor es lo más importante."

¿POR QUÉ DEBERÍA YO LEER ESTE LIBRO?

Si estás leyendo este libro, ojeándolo o simplemente te ha causado curiosidad, te voy a decir que este libro lo he escrito para decir:

ESTO ACABA AQUÍ Y CONMIGO.

He tomado las riendas de mi vida, he despertado de mi dolor y este es el legado que quiero dejar. A partir de ahora, si yo sano, el resto de mis generaciones sabrán cómo tomar las riendas.

Si estás en la situación de afirmar en voz alta, te diré que no es suficiente, deberás seguir acciones inmediatas para recuperar tu identidad.

Dedicarle tiempo y energía a tu propio proceso de recuperación no es un acto egoísta sino de amor propio y responsable.

Sé el cambio que quieras ver en el mundo
-Mahatma Gandhi-

Todo cambio significativo en la sociedad empieza con la trasformación de la mente y el corazón de cada uno de sus componentes.

El propósito de este libro es brindarte un método que te haga ser consciente de lo que has podido vivir, que puedas reconocerte en parte de tu historia, y quizás no con el mismo concepto, pero sí con el mismo significado.

Reconoce que todos tus actos son frutos de unos aprendizajes adquiridos en tu infancia y que ellos son la pauta de toda tu vida. Si puedes reconocer, integrar y sanar, puedes atreverte a diseñar la vida que quieres.

Este libro te va a permitir escapar de la gravedad del pasado y poder construir la vida que deseas en tu presente. Si te estás preguntando ¿por qué yo?, simplemente porque yo he estado ahí. Te demostraré cómo esas heridas y esa pérdida de poder hicieron que sufriera una RELACIÓN TÓXICA de más de 25 años.

Tras despertar, te das cuenta de que tu comportamiento es proporcional a las decisiones que tomas en tu vida y que te hacen actuar de la misma forma en todas sus áreas.

Tu vida no es más que una gran UNIVERSIDAD. Tus heridas, las lecciones que has de superar. Lo que repites, no es más que todo aquello que no has integrado. Las áreas de tu vida no son más que las asignaturas que debes integrar y que se te ofrecen para que las reconozcas.

Si quieres transformar tu vida a partir de HOY, tendrás que tener una estrategia y eso es lo que te ofrezco el #metodocenicienta®.

Reconocer y Recuperar, Evaluar y Sanar. Si no lo haces así, lo único que harás es caer en INERCIA.

LA ÚNICA AMENAZA ES: LA INERCIA.

Este libro se basa en mi historia personal, dónde te demuestro que la causa de una infancia herida tiene como efecto una decisión de aprendizaje en lo que considero más importante, que es el AMOR.

Este libro se refiere a Relaciones de Pareja, aunque si analizamos bien, lo puedes trasladar a cualquier tipo de relación que hayas vivido con abusadores de identidad, dónde no se limita a parejas o intimidad, sino a relaciones familiares, laborales o de amistad. Analiza tu entorno porque te aseguro que descubrirás más de una.

Lo triste de la historia es que el abuso se llega a ver como algo normal y estamos condicionados a cuestionarlo cuando en vez de entendernos o apreciarnos, llegamos a oír:

- No es para tanto.
- Tienes la piel muy fina.
- Tienes un mal día.

Te detallo estas, para no entrar en detalle porque cuando alzas la voz puedes sentir humillación, culpabilidad, arrepentimiento y lo único que recibirás será una campaña de difamación y desprestigio. Así que, sé lo que puedo esperar después de escribir este libro, y mi propósito no es otro que de ayudar a que todas aquellas personas que se encuentren en situaciones parecidas puedan vivir la vida que merecen.

Si permitimos un abuso hacia donde estamos dirigiendo el futuro de nuestros hijos, ni culpa, ni arrepentimiento debe detenernos a pesar de saber que se pueden manipular nuestras palabras para no descubrir las tácticas de aquellos que han abusado de nosotros.

Tras vivir muchos años en Inercia, a causa de la manipulación y los abusos, el sentido de la confianza se encuentra herido.

Cuando entras en Inercia pierdes la confianza en ti, en otros y en tu propio entorno. Vives con miedo, soledad, decepción y con un estado mental victimista. Lo positivo de la situación es que gracias **a una decisión** puedes salir de ahí. Solo depende de ti. Puedes recuperar tu identidad.

Cuando entiendes el Origen del problema y quieres Resolverlo, tomas un **Aliento de Vida** y te pones manos a la obra para transformar tu vida. Puedes cambiar el Rumbo de tu GPS recalibrando tu **Brújula** para acabar con todo el sufrimiento, permitiéndote recuperar **tus Sie7e Poderes y Coronarte** como la persona que has venido a **SER**.

Prepárate para descubrir que tú también has vivido en INERCIA.

Prepárate para descubrir que no estás Sola, Cenicienta.

Prepárate para escapar del Drama.

Prepárate para cerrar ciclos.

Prepárate para trabajar tu identidad.

¡SABES QUE LO PUEDES LOGRAR!

Nunca es tarde para dar el primer paso, tú puedes romper el ciclo, tú YA naciste Ganando. Solo tú puedes querer hacerlo. Tú eres la heroína de tu propia historia, la protagonista y la escritora.

RESCÁTATE y si no sabes cómo hacerlo, yo estoy aquí para ayudarte. Contacta conmigo, ya son muchas cenicientas que han dado el primer paso. DECIDIR hacerlo, y que yo las acompañe para no caer por el camino.

Si fueses consciente de tu vida, sería importante analizar tus conflictos internos para desbloquearlos y vivir la vida que mereces.

Ha llegado tu momento,
AHORA SOLO IMPORTAS TÚ.

SÉ COHERENTE CON TU VIDA.

Tengo muchas ganas de empezar a trabajar contigo.
Este libro, igual que toda la Saga ALIENTO DE VIDA, está creado desde la magia que hay en mí. Eso significa que este libro te ocurrirá mientras lo lees. Dentro de ti, empezarás a sentir ciertos cambios y diferencias. Es por eso por lo que a lo largo de este libro encontrarás cómo compartir conmigo tus vivencias.

¿Cómo?

Te animo a hacerlo tanto en redes sociales como vía e-mail o suscribiéndote a mi canal de YouTube, como más cómodo te parezca.

También encontrarás los códigos QR. Estos te ayudarán a ver los vídeos, escuchar la música y la meditación sin necesidad de descargarte nada ni perder tiempo.

Coge tu Smartphone y descárgate la aplicación ahora.

Verás, dirígete a tu Store y busca "lector código QR". Una vez tengas descargada la aplicación, ya no te perderás contenido de este libro.

Te voy a explicar cómo vas a aprender, a sentir, a vibrar gracias a la vivencia de este libro. Estas páginas son un viaje hacia tu mundo interior. Este viaje te ayudará a tomar consciencia de zonas de ti que consideras erróneas y a contemplarte con unos ojos más amorosos y compasivos, zonas de ti que ni conoces y que simplemente has olvidado.

¿Preparada para vivir la aventura de tu VIDA?

Nota: Este libro está escrito en femenino porque quiero ayudar a todas las mujeres que estén en mí misma situación. Pero si tú eres hombre te diré que te considero PERSONA HUMANA, y como tal también es femenino, así que identifícate como una CENICIENTA, ya que estoy segura de que tú también has sufrido algún tipo de relación tóxica.

La Verdad es un Faro que Ilumina en los Lugares Oscuros, por eso las Sombras son tan Pronunciadas.

Enciende tu LUZ CENICIENTA.

INERCIA

Descubre cómo salir de una
Relación Tóxica sin culpa,
ni arrepentimiento.

Déjame que te cuente antes, que el miedo me hacía buscar una salida y huí por presión del amor inerte. IN + ARTE (INERCIA)

IN: PRIVATIVO, NEGATIVO.

ARS: ARTE, HABILIDAD.

Inercia es la capacidad que tiene una persona para no modificar su estado moviéndose dentro de su Zona de Confort. Para salir de la INERCIA, solo se hace con acción de una fuerza. La fuerza de la INERCIA es la Voluntad. La fuerza de Voluntad es el Eje.

El instante de la inercia es el método que se asemeja a la suma de oportunidades de inercia de todos los puntos que lo integran.

Déjame que te recuerde algo que ya sabes, cuando mantienes una relación por inercia, continuas junto a la otra persona sin detenerte a pensar hacia dónde diriges el rumbo de tu vida, es decir, desimantas tu Brújula sin motivo ni razón.

Cuando no tomas acción, actúas por inercia, aunque también indica una tendencia a tomar decisiones apresuradas sin evaluar los resultados.

Te estoy explicando todo esto para que te hagas una idea de mi pensamiento básico que me hacía **vivir en la negación absoluta**, atrapada en mis propias dudas, en mis propios conflictos internos.

Aunque antes de continuar, quiero agradecer a la Vida el proceso que he vivido y que me ha permitido reconocer cada parte de mí y crear el Método Cenicienta.

Déjame que te cuente algo, aunque mi historia no es igual a la de Cenicienta, si hacemos analogía con mi historia vivida, puedo decir que hasta el momento en el que **DESPERTÉ** puedo considerarme una **auténtica CENICIENTA**. Por esa razón puedo afirmar que en un momento de tu vida has sido una Cenicienta.

Vamos a resituarnos, **las 5 heridas sufridas en mi infancia marcaron una vida con Inercia donde decidí vivir el papel de CENICIENTA.**

Lo que yo siempre supe y no quise ver, fue que mi vida estaba sucediendo como la Crónica de una muerte anunciada, debía tomar acción, pero la fuerza de la inercia me hacía vivir bajo un eje de repetidas consecuencias que no se detienen hasta que el dolor es más fuerte si sigues que si paras.

El origen de todo lo que nos atormenta son emociones atragantadas o experiencias sin resolver. Las emociones reservadas nunca mueren. Son enterradas vivas y salen más tarde en formas insospechadas. Esas emociones son huella del pasado y cuando nos damos cuenta de ello y decidimos cambiar, lo hacemos creando una nueva identidad.

Aunque ocurre que, a consecuencia de dichas situaciones que te amargan, pierdes el ánimo y caes de nuevo en la INERCIA. Pierdes tu LIBERTAD, y para mí es uno de los Valores más importantes en mi vida.

Cuando pierdes libertad, pierdes tu vida. Para que me entiendas es como la dialéctica del Amo y el Esclavo de Hegel.

Empieza a pensar ahora en qué relaciones de tu Vida eres amo y en qué relaciones eres esclavo.

Cuando entras en una especie de combate donde ambos, AMO Y ESCLAVO, sobreviven, ingresas en una espiral de dependencia mutua donde ninguno es libre. Cuando el esclavo se cree libre, se teje sobre los deseos enfrentados, es decir, SER reconocido por el otro.

> PIERDE LO QUE DEBES PERDER PARA ENCONTRAR LO QUE NECESITAS Y QUIERES.

> **Pero antes recuerda que:**
> **"ERES DUEÑA DE TI MISMA".**

Empieza a quitarte capas; como decía Shrek, las personas tienen capas; descubre cuantas capas has dejado ponerte encima para que ya no te reconozcas cuando te miras al espejo, apegada a una vida que no es tuya.

Desnuda tu corazón, preséntate cómo eres, crea tu verdadera identidad: **"si no me aceptas así no soy para ti, ni tú para mí".** Las cosas se hacen por hábitos tanto si ganas o pierdes. Una vez desnudes tu corazón, cuenta bien tu historia y pierde lo que quieras, pero no pierdas nunca **TU HUMANIDAD**, ya que, si la pierdes, perderás tu mayor **RIQUEZA**.

Así me considero yo una **HUMANA LIBRE LLENA DE AMOR**.

Empieza a valorar todo lo que eres. Mientras tú no te valoras, no te quieres, entonces me puedes decir:

¿Qué estás haciendo para obtener lo que SÍ quieres?

Aunque, a decir verdad, atraemos lo que somos. Si no nos valoramos ni nos queremos, acabaremos atrayendo al mismo tipo de persona en el que nos estamos convirtiendo.

Déjame que te pregunte: ¿Cómo te maltratas?

1. Alimentándote en exceso con alimentos dañinos.
2. Manteniéndote en **relaciones tóxicas**.
3. Criticando todos tus logros y esfuerzos.
4. Dudando de tus dones y capacidades.
5. Saboteando tu éxito con miedo.
6. Ocultando quién eres para complacer a los demás.
7. Aceptando que eres una ABSURDA CENICIENTA.

No es cuestión de buscar, es cuestión de **fluir**, de **Ser en esencia** lo que realmente quieres. Solo hay 4 pasos para salir de ahí:

1. Abandona la relación. Ámate.
2. Integra lo aprendido.
3. Conócete.
4. Atrae.

Eres la única dueña de tu Destino. Tú ya naciste Ganando, eres tú quien decide cuándo abrir la puerta de tu corazón.

Cuando sepas **Quién eres**, atraerás a quién te potencia y te ama verdaderamente.

> UN AMOR SANO TE CUIDARÁ Y PROTEGERÁ, ASENTARÁ RAÍCES EN LA TIERRA Y TE DARÁ ALAS PARA VOLAR.

Contacta conmigo o comparte porque estoy segura que conoces a alguien en una situación parecida. Te ayudaré a recuperarte. Integrar y trabajar en ti es lo único que te hará salir de esa situación.

CRECER ES TU DECISIÓN, SOLO ASÍ SALES DE AHÍ.

Solo existe el éxito o el aprendizaje, de ti depende. Sé que te vas a sentir reflejada, sé que vas a llorar, pero ha llegado el momento de cambiar tu GRITO DE DOLOR por un GRITO DE PODER.

¡VAMOS!

Primera parte:
PRESA DEL PASADO
Crónica de una muerte anunciada

1.

Mentiras que se creen.

Escribir este libro no ha sido nada fácil para mí, no por lo que estaba escribiendo, sino porque era una forma de desnudarme para que descubras que realmente te he estado *engañando*.

Así que con mi máxima vulnerabilidad te digo, **SÍ**, y así lo siento te he *engañado* porque en realidad me lo estaba haciendo conmigo y me había creído mi propia mentira. No voy a intentar, ni mucho menos, excusarme, **NO**, solo puedo decirte, **LO SIENTO**, en el fondo había una intención positiva que era **Protegerme**.

Cuando descubrí que mi vida había sido una **MENTIRA** y que me la había creído porque **SIEMPRE** había huido, rompí a llorar desde lo más profundo de mi corazón. Mi cabeza iba a mil por hora, sin saber qué hacer ni cómo seguir, me encontraba en Madrid y me permití sacar todas las mentiras que me había creído para hacerme consciente de todo.

Ahora me estaba doliendo lo suficiente, había llegado el momento ¡**SE ACABÓ**!

No has tenido nunca un momento así, un momento de epifanía, un momento de decir **¡SE ACABÓ!**

Recordé el abuso y la humillación sufrida por un familiar en mi infancia y lo recordaba a mis casi 46 años.

¿Qué había ocurrido con mi vida?
¿Qué decisiones había tomado?
¿Quién era YO?

Puedes creer que mi vida se desmoronaba, pero a la vez empezaba a entender el por qué había tomado según que decisiones. Aquella situación había provocado en mí un MIEDO a casi TODO.

Cuando el Sr. Miedo se apodera de la Sra. Ignorancia y la Sra. Pereza aparece una tríada casi perfecta donde una persona solo actúa **huyendo, atacando o bloqueándose.**

Recuerdo que lo único que yo hacía era bloquearme hasta sentirme liberada de aquella situación. Mi salvación llegó cuando él tuvo que irse a la mili y a mí me bajó la regla.

Mi primer año de liberación, llegando a olvidar lo que había ocurrido e incluso preguntarme si había sido cierto.

El siguiente paso fue huir y quise hacerlo lejos. Me creía pequeña, insignificante, chiquitita, quería desaparecer. Me sentía sucia, vacía.

PRIMERA PARTE: PRESA DEL PASADO

¿Quién me iba a querer a mí?

Mis amigas empezaban a salir, mis padres no me dejaban toda la libertad que tenían mis compañeras, por si me pasaba algo. **Sin saber que no hace falta salir de casa para que te destrocen la vida.**

Así que poco a poco, la vida me iba mostrando aquellas cosas que debía superar. Tenía que demostrar que yo valía, a pesar de ser la pequeña y de no haber tenido recursos económicos para estudiar. Me propuse SER, creyendo que para eso, tenía que HACER PARA TENER Y ASÍ SER. Podía trabajar y estudiar.

Mi vida transcurrió justo así, estando ocupada el máximo tiempo, trabajando, estudiando y así llegó el que fue mi primer novio serio. En realidad, en esa relación hubo demasiadas opiniones y frente a mi MIEDO de quedarme dónde me pudiera encontrar mi familiar, empecé a salir con él.

A pesar de que la relación no era como había soñado me permitía huir de la Zona 0, como llamaba yo. Te puedo decir que huía por instinto no porque recordara lo ocurrido, solo me producía rechazo verlo y no quería tener ninguna relación.

El noviazgo fue el inicio de lo que sería el resto de mi vida con él. Pero mi orgullo no se dejaba vencer, ¿cómo voy a dejar la relación? **¿Quién me va a querer?**

El tiempo puso todo en su lugar: gritos, silencios, desavenencias, dejarme tirada en una carretera comarcal porque se había enfadado conmigo. Luego se sentía culpable, razonaba que eso no estaba bien, surgía la normalidad aparente, entonces yo soñaba y visualizaba que podía ser posible una vida mejor. Planificábamos un futuro, pero cuando él creía que no estaba bien, mentía, inventaba y volvía a empezar.

CICLO DEL ABUSO

Ingenua de mí, nunca nadie me había dicho que eso no era así. En mi infancia había surgido un vínculo traumático que al querer olvidarlo y huir, había bloqueado mis emociones y la vida me volvía a proponer de nuevo una situación parecida.

Mi propio mecanismo de supervivencia daba paso a ser una víctima de abuso emocional en este caso, viviendo periodos intermitentes de mentiras, bromas pesadas, ausencia de afectos mezclada con hechos bien interpretados, enmascaraban una realidad.

No quería escuchar a mi madre, porque ella me prohibía cosas, así que lo que ella veía yo no le hacía caso. ¿Cómo va a entenderme a mí y a mi relación?, pasando yo a defenderlo a capa y cuchillo lo que le hacía más fuerte creando un vínculo de lealtad hacia él.

Toda esta situación aparecía de forma inconsciente gracias a mi **Momento CENICIENTA**, mi momento de supervivencia situado en mi cerebro reptiliano. Llegando a creerme que no podía vivir sin él con lo cual se había apoderado de mi SER, olvidando quién era, cayendo en indefensión aprendida ya que lo único que creía es que me quería.

Negaba que yo estuviera en esa situación pues aparentaba que era feliz, mi familia no podía saber que mi vida era un fraude. Así fue como llegó el día de mi boda 07 de mayo a las 18 horas. Recuerdo aquel sábado como si fuera hoy, había adelgazado muchísimo y me surgió una frase en mi cabeza:

NO ME QUIERO CASAR.

Me fui a pasear por lo que era el antiguo Pueblo Nuevo, un barrio de Barcelona, llorando desconsoladamente porque esa frase bombardeaba mi mente. Sabía que no quería hacerlo, pero detrás de todo eso había una responsabilidad creada por mí, muy fuerte.

Entre el qué dirán, entre el cómo puedes hacerles eso a tus padres, entre está todo preparado, y entran todas las vergüenzas, miedos enmascarando tu SER.

Empecé una nueva vida siendo una **CENICIENTA INVISIBLE:** hacía todo lo que satisfacía a todos menos lo que yo quería. Vivía en **INERCIA,** me sentía como un hámster en mi rueda girando y girando. Otras veces mi vida era como una noria, me subía a lo más alto con emociones donde me hacían creer que era FELIZ y de repente el giro continuaba bajando a lo más profundo hundiéndome en el pantano de mi alma, ya que volvía a la realidad dentro de la vida de las emociones.

¿Por qué teniéndolo todo, no era FELIZ?

Simplemente me había creído todas las mentiras y vivía en una vida que creía que debía vivir.

Para salir de esa INERCIA creí que lo bueno sería formarme y empecé a estudiar todo lo que aparecía y creía que podía traerme la felicidad. Ignorando que la felicidad es un camino diario que solo se alimenta de tus pensamientos y emociones.

Mi vida en casa se había transformado en una vida donde el ciclo del abuso vivido antes de casarme volvía tiempo más tarde, cuando la novedad había desaparecido y la rutina se instalaba día tras día.

Lo mejor, pensé, sería tener un hijo, la llamada de ser madre había llegado. Tenía tanto amor por entregar que los impulsos me hacían soñar.

Pero, según él no quería ser padre en ese momento, ya que él no sentía esa llamada, tenía muchas cosas por hacer. Su vida era pura aventura entre coches, motos, quads, aunque lo vivía solo. Vivía en su mundo. Para mí, era el GRAN AUSENTE. Siempre pensé que él tenía que aprender de mí a abrir su corazón para ser más amoroso, lo que yo no veía era su función en mí, ahora si lo sé. Más adelante te lo contaré todo, cuando en realidad las verdades te hacen libres.

Justificaba su comportamiento diciéndome que, de niño, él también había pasado una infancia difícil. Esa fue otra creencia que justificaba no separarme de él, quería ayudarlo a que fuese feliz. Si él lo lograba, lo sería conmigo y ambos seríamos felices. Crearíamos una familia y ciclo de la vida resuelto. Eso es lo que nos inculcan: nacemos, crecemos, nos reproducimos y morimos.

SIEMPRE HABIA UNA JUSTIFICACIÓN PARA NO IRME DE ESA RELACIÓN.

Con la llegada de mi hijo, parecía que las cosas iban a cambiar. Bueno quizás había conseguido mi objetivo, formar una familia y ser felices, ya que, mis valores en aquel momento eran Amor, Familia y Libertad, y me volcaba a que de una vez por todas todo funcionara bien.

La llegada no fue todo lo bonito que yo quería. Por parte de mi hijo sí, yo estaba disfrutando de un sueño que siempre había tenido, **SER MADRE**.

Por su parte no encontré ni apoyo, ni comunicación, ni respeto, ni nada de nada. Me transformé en Madre y Padre a la vez. Él ponía la excusa de ir muy cansado porque trabajaba duro. Yo camuflaba su comportamiento por cubrir mi necesidad de Amor que nunca llegaba, pero me acostumbré a vivir de una manera que consideraba óptima para sobrevivir.

Pronto llegaron de nuevo los ciclos de abuso, donde poco a poco robaban un poquito de mi SER. Recuerdo que fue la primera vez que me planteé romper con la relación. Mi vida no había sido lo soñado y en realidad no era feliz.

¿Qué me quitaba la alegría?

En aquel momento no lo sabía y lo único que hacía era cubrir mi necesidad de Amor con formas que me daban poder y era formarme para sentirme valiosa.

Sentía que mi vida real era más bien mi transformación diaria, cerraba un ciclo y se abría otro. De cada una de las fases surgían emociones y mi único objetivo era llegar a final de año y que mi deseo de las #12campanadas me produjera la felicidad que buscaba. De ahí salió la ley de las 12 campanadas que creé para salir de ese bucle y transformar mi vida. Más adelante te contaré en qué consiste.

Tres años más tarde surgía de nuevo la llamada para ser madre y de nuevo la misma conversación, dominando la situación como siempre, me dijo que hasta las vacaciones no quería oír hablar de niños. No me di cuenta de que mi vida estaba basada en su agenda.

En agosto me quedaba embarazada y 4,5 años más tarde de mi primer hijo, nacía mi segunda hija. La alegría llegaba a mi casa, me sentía plena y sola porque la historia se repetía. Me sentía cansada, sola, repitiendo patrones.

Pronto llegó la estabilidad y un nuevo ciclo del abuso donde las amenazas, los gritos, las críticas eran diarias. Pude soportarlo gracias al apoyo que mis hijos me daban, el ALIENTO DE VIDA que necesitaba para seguir luchando como una auténtica guerrera, aunque como no tomaba acción lo que en realidad era una ABSURDA CENICIENTA, o lo que se suele decir, **mucho lirili y poco lerele**.

Estaba preparada para dar el gran salto, pero procrastinaba mi situación por miedo a mis conflictos internos.

Las amenazas de que podía quitarme a mis hijos y no dejármelos ver, amenazas con romper el televisor, con tirar las basuras y dejarlas en medio del comedor u otras cosas que de verdad no quiero ni recordar. Mi única obsesión era que mis hijos no se enteraran de esta situación, que mientras eran pequeños pude evitar, pero a medida que iban creciendo descubrirían la verdad de quién era su padre.

¿Quién me quitaba la alegría?

Vivir con alguien que me robaba mi vida, mi esencia, sentía que estaba perdiendo los mejores años mi vida, en una relación que me anulaba y me quitaba el poquito poder que me quedaba.

Ahora entenderás que cuando al inicio te decía ***"que te estaba engañando."*** Te estaba diciendo la verdad, en realidad, la que me engañaba era yo y creaba mi familia perfecta. Al salir a la calle todo era maravilloso, al volver a casa se descubría la guerrilla encubierta.

> SIEMPRE ESPERÉ QUE CAMBIARA, QUE LA HISTORIA SE MODIFICARA. QUE MI SUEÑO SE HICIERA REALIDAD.

Lo que no sabía es que los sueños se cumplen, pero no como tú esperas, sino como está previsto que sea, en perfecta armonía a tu crecimiento personal. Y eso es lo que sucedió y ese es el motivo principal por el cual hoy estás leyendo este libro. Si yo no me hubiera desarrollado, no hubiera sido consciente de mi vida y no hubiera crecido gracias a los fracasos, hoy no estarías leyendo este libro.

La historia está escrita de fracasos vividos, de crecimientos experimentados y de desarrollos efectuados.

El mayor fracaso es el combustible del éxito de tu vida.
-Carmen Sales-

¿Cómo descubrí mi gran creencia?

Como entenderás, la Vida me iba poniendo a mis pies todo aquello que debía realizar para dar pequeños pasos y me lancé a escribir la Saga Aliento de Vida. Estaba en modo BOB ESPONJA, como yo le llamo, que no es más que esa situación de absorber todo el conocimiento que yo creía que necesitaba para dar valor a mi familia.

Hasta que empecé a tomar consciencia y descubrir toda la verdad que había ocultado durante muchos años. Dicha Verdad me daría a conocer los patrones del abuso de mi infancia que marcaban la relación con mi exmarido y de la misma forma las que había vivido en trabajos con jefes y compañeros.

Cuando lo descubres te das cuenta de que has vivido rodeada con ese patrón toda tu vida y si no lo has sabido ver es porque esa dinámica tóxica la tenías aprendida de origen.

Luego te das cuenta de que negaba dicha situación de abuso vivida con algún abusador y que en mi edad adulta me hacía abrir los ojos y ser consciente.

Acompáñame a descubrir y conocer cómo ocurrió todo, quizás sea el primer paso para entablar una relación contigo misma y desates tu mente para abrir tu corazón.

2.

Descubrimiento y consciencia.

> ADMITIR LA DURA Y CRUDA REALIDAD ES UN SUCESO DE CORAJE, VULNERABILIDAD Y ES LO QUE DISUELVE EL VÍNCULO TRAUMÁTICO.

Y un día sucede, que tu puzle interno encuentra la pieza necesaria y todo encaja. El vínculo traumático se desvanece. Hasta ese momento era normal sentir LEALTAD y CARIÑO ilógico, pero real hacia el abusador, creer que todo es normal y que hay una posibilidad de que todo funcione algún día, sin repercusiones en un futuro próximo, creyendo que el abusador abrirá los ojos y será la persona que siempre soñaste.

Incluso aparece la negación de que estás sufriendo ese abuso, aunque seas consciente del hecho. Siempre estás soñando en recuperar los instantes en que funcionaba la relación, la pregunta sería ¿Cuándo funcionó y por qué?, aferrándonos a probar de todo para que funcione.

La consciencia aparece cuando te das cuenta de que todos esos hechos ocurren porque tú aceptas la situación y aceptas el abuso.

NO TE MALTRATES.
¿Dónde está tu Amor Propio?

Descubrir este momento es el ORIGEN de la recuperación de consciencia hacia tu nueva VIDA. Empiezas a comprender la situación, aunque te niegas a aceptar la realidad. De repente toda tu vida se derrumba y ya nada es lo mismo, ni lo será. Deberás reconstruirte y necesitas a alguien a tu lado que te acompañe en el proceso.

Reconstruir toda la base para seguir segura y avanzar hacia tu laberinto interno y recomponer tu vida. Entonces descubres que aquel evento que te provocó un fuerte impacto emocional ha afectado en todas las áreas de tu vida. Te das cuenta, que en todas las áreas actúas igual y no es más que un suceso de acontecimientos para que sanes esa situación.

Recuerdo ese día como si fuese hoy, estaba en un evento y realizábamos una dinámica. Me negaba en reconstruir mi verdadera historia, primero porque no creía que fuera otra. La había generado y hecha mía de tal forma que no veía que fuese de otra manera. Hasta que el recuerdo apareció delante de mí, esa sombra se hizo luz frente a la evidencia y entonces estallé a llorar. Aún hoy lo recuerdo y se me estremece el cuerpo.

No daba crédito, pero empezaban a encajar las piezas, ahora entendía *muchos porqués* que me había preguntado. Me sentía inestable, desorientada y profundamente confundida. Desesperada por responder cada una de las preguntas que surgían en mi cabeza.

Mis emociones eran intensas y de repente no sentía nada, estaba en un mar de emociones como cuando un huracán o un tsunami aborda tu vida y lo destruye todo, te quedas sin nada.

Al volver a casa le expliqué a mi ex lo que había descubierto de mi infancia, y no obtuve ningún apoyo. Empezaba a preguntarme si él podía ser otro abusador sin darme cuenta. Gracias a que contraté a un coach pude reconocer en poco tiempo que en realidad mi vida estaba basada en un triángulo traumático donde me vinculaba por el miedo y si no sanaba el origen mi vida iba directa a una crónica de una muerte anunciada.

Sentía culpa por no haber sido lo suficientemente valiente y haber hablado cuando era una niña, aunque mis creencias y conflictos internos me decían que debía mantenerme en silencio para que mi padre no muriera. Si has leído tus sie7e poderes, recordarás cómo te contaba estas creencias, que detecté una vez empecé a trabajar.

Como te decía **contraté a un coach** y me dio la claridad que necesitaba para salir de esa situación. Soy una guerrera nata, aunque en esa situación tenía una mentalidad de víctima.

Pronto y repasando todo lo que te he explicado en el capítulo anterior, me di cuenta de que esta situación debía acabar aquí.

Había intentado por todos los medios y durante toda mi vida arreglar las cosas sin éxito y, encima cuando quería hablar con él existía un silencio ensordecedor que sacaba lo peor de mí. Cuando él abría la boca era para decirme que la culpa de la situación era mía por permitir todo lo que estaba sucediendo en nuestras vidas.

1ª regla de ORO:

EL ABUSO NUNCA, NUNCA, NUNCA FUE CULPA TUYA.

Por ese motivo creé **el Método Cenicienta**, dónde descubres **los 3 secretos** para salir de una **relación tóxica** sin culpa ni arrepentimiento. Sé que puedo ayudarte, no lo dudes.

Te insisto, cada vez que sientas culpa repite el mantra y hazlo tuyo, escríbelo en un espejo y repítetelo mirándote a los ojos cada vez que te veas reflejada. Repítelo si sientes que no vales nada, si sientes que estás vacía, si crees que tu relación es un fracaso, si crees que tu maltrato fue tu culpa.

Por esa razón tomé acción y pasé por una **sesión de coaching estratégico de alto impacto**. De la mano de Tino Fernández, el cual me devolvió a la vida, y me ha enseñado todo lo que sé respecto al coaching y a las intervenciones estratégicas, me realizó una intervención y recuperé mi poder y mi valor.

Quizás te estés preguntado de qué se trata una intervención. Pues verás, busca el desbloqueo instantáneo de un recurso, emoción, acción o sanación permanente de una herida emocional pasada que limita la calidad de vida de una persona. De esa forma puedes cambiar tu forma de **SENTIR.**

Encontré la clave de la solución a mi problema y es por esa razón que lo implementé en mi método, aprendido directamente de él. Más adelante te contaré pinceladas, a lo que yo llamo la **TÉCNICA R.E.R (Reseteo Emocional Regresivo).**

2ª regla de ORO:

RECUPERA TU PODER.

Cuando superas esta fase, descubriendo y haciéndote consciente, dejas de ser un **CENICIENTA INVISIBLE**, para pasar a una **ABSURDA CENICIENTA**, simplemente porque pasas de ser víctima a sobreviviente. No te molestes por esto, integra lo que te estoy diciendo, **YO HE PASADO POR AHÍ.** Por lo tanto, vamos a continuar el viaje y lleguemos a ser **CENICIENTA INVENCIBLE**.

En el trabajo continuo es cuando descubres que la Vida te ha puesto cada una de las pruebas para superarlas y hacerte consciente del **SER** tan maravilloso que **ERES**. Si en este momento quieres, te invito a que retomes la lectura de **ALIENTO DE VIDA** donde te doy herramientas necesarias y un reto de 21 DÍAS para retomar tu poder, tu autoestima y tu valor.

Toma acción, escanea ahora el código QR como te he enseñado al principio y empieza a trabajar en ti.

EL MOMENTO ES AHORA.

¿Qué puedes sentir en este momento?

Puedes caer en el patrón más profundo donde alternas entre dos estados realizando una acción parecida a un infinito, cuando estás dentro de ese laberinto mucho tiempo nuestro sistema nervioso necesita cambios. Hay dos formas de salir: por amor propio, buscando la forma de ser invencible, o victimizándonos y queriendo borrarlo todo siendo invisible.

Te detallo a continuación una **Lista de Oro** para saber si te identificas en alguna situación:

- Repetición recurrente (el pasado se repite y vuelves una y otra vez al mismo punto).
- Ataques de pánico (pinchazos en el pecho, te cuesta respirar, te paralizas, sientes que todo se acaba).
- Apego emocional.
- Ansiedad.
- Sentir que no estás a salvo.
- Sentir que pierdes el control de tu vida.
- Emociones que te dispersan y solo tienes sueño.
- Adicción (en mi caso fueron las compras y el formarme. Pero pueden aparecer adicciones al tabaco, drogas, sexo, trabajo).
- Descuidas la higiene, pasas mucho tiempo en la cama.
- No tomas decisiones (porque tu mente te repite: no puedes, no vales, eres poca cosa)
- Te mantienes estancado en el pasado.
- Entras en indefensión aprendida.

- Culpabilidad y confusión.
- Amnesia acerca del abuso, simplemente para sobrevivir.
- Agotamiento físico.
- Pérdida de identidad.
- Aparecen detonantes inesperados que te recuerdan el momento clave, se repiten en tu mente y los traes a tu memoria.
- Enmascaras tu existencia y desaparece tu vulnerabilidad confundiéndola con debilidad.
- Aislamiento.
- Sientes miedo, amenaza, intimidación por el abusador.
- El hackeo de tu confianza.
- La mentira y la negación de la realidad.
- El menosprecio y denigración.

En este momento de descubrimiento y consciencia descubres tu verdad y toca trabajar en el origen para recomponer todos los trocitos dañados.

Descubres que te han **VIOLADO EL CORAZÓN**, gracias a la técnica de la gota a gota, día a día, a la técnica de la inundación de amor, a la dependencia emocional. La triangulación traición, indiferencia y coqueteo.

En el fondo lo único que busca tu abusador es someter y anular, en definitiva, manipular mentalmente. Con frases o acciones como:

- No me acuerdo, ¿no te lo habrás inventado?
- Eres muy buena actriz, te equivocaste de profesión, tu vida es una farsa y estás engañando a todo el mundo.
- Mentiras que se tapan con más mentiras.
- Hablar sin decir nada.
- Yo no he hecho nada malo.
- Me voy a la cama y os dejo tranquilos.
- Sexo instrumental o cero.
- Desestabilizarte, acusarte de que todo lo que te pasa es por culpa tuya.
- Empatía cero.
- Amor cero.
- Confianza cero.

El abusador es camaleónico y se adapta a cualquier situación. Al observarse delante de otras personas se adapta y es la persona más maravillosa, haciendo todo aquello de lo que nunca hace. Aquí ves tú la fantasía y crees que todo puede ser posible.

Pero también puedes sufrir una relación parasitaria, esa que abusa y vive de ti en todos los aspectos. Se aprovecha egoístamente. Entras en una fase de que tú das, das, das sin reciprocidad. Se aprovecha de una relación contigo en todos los ámbitos, simplemente para vivir egoístamente y agotarte tu energía.

Entonces sientes que esa relación te ha robado toda la energía, te ha chupado toda la sangre y el corazón se seca, entrando en un estado de palidez permanente, sin brillo, sin vida.

Todo lo que te he contado hasta ahora es la experiencia que yo sufrí en mi relación, pero déjame que te cuente qué ocurrió después de volver de la intervención estratégica.

Para que me entiendas en qué momento me encontraba, imagina por un momento que has sufrido una operación a vida o muerte. Luego te llevan a la U.C.I para controlar tu estado y regresar a la habitación para la recuperación.

Pues para mí la U.C.I. fue el viaje de regreso. En aquella ocasión viaje en avión, así que el vuelo de Madrid a Barcelona me dio muy poco tiempo para pensar y recomponerme.

Cuando llegué a casa quería contarle a mi familia lo vivido, lo descubierto y cómo me sentía. Mis hijos consternados, su padre saltó en cólera, ira, descontrol. Ese fue el principio más traumático que vivíamos para empezar mi mayor decisión: **DIVORCIARME**.

Llegaron más amenazas tanto verbales, como físicas. Me encontré en situaciones difíciles donde mi hijo mayor de edad se ponía delante de mí, para que las amenazas no me alcanzaran, mientras mi hija menor de edad lloraba sin parar con rabia y miedo.

Ese día fue el detonante más escandaloso que me confirmaba que todas mis dudas acerca de mi relación eran ciertas, estaba **VIVIENDO UNA RELACIÓN TÓXICA**.

Pero no te lo creerás, a pesar de todo, me sentía tan confundida que aún tardé 6 meses en pasar a la acción. De todas formas, te diré que entré en una guerra en casa, mientras continuaba aparentando calma y serenidad.

Hubo eventos continuos que irrumpían en nuestras vidas a diario, como el de tirar ropa por la ventana, zapatos, cortes de luz, de agua caliente, para que no nos pudiéramos duchar. No reparar una cisterna para no utilizar el baño, no reparar una persiana para que no entrara luz en el dormitorio. No encender la calefacción porque no ese invierno no hacía frío. No hacerse cargo de nada porque él no necesitaba nada, ni comida, ni papel higiénico, ni nada de nada. Por mi parte cubría todas las necesidades por mis hijos.

¿Cuándo tomé la decisión? No fue hasta que el dolor por mis hijos fue lo suficientemente fuerte como para sacar mi coraje.

Un nuevo viaje sucedía, mis hijos se habían quedado con él. Aquel día, se fue sin decir nada, les cortó la luz, por consiguiente, todo lo que funciona con la misma y pasaron unas horas sin saber si volvería y que hacían para volver a conectar la luz. Aquellos días podríamos decir que estaban viviendo con su enemigo en vez de con su padre.

A mi regreso, me fue a recoger al AVE y le expliqué mi decisión, me comentó que podríamos esperar hasta que pasaran las fiestas navideñas para no ocasionar malas sensaciones a los niños y que después de reyes hablaríamos. Le dije un NO ROTUNDO.

Lógicamente ahí volvió otra etapa de ira, descontrol y sucedió que al día siguiente su hija y él discutieron tirándole a la cabeza el móvil, su agenda y la Tablet desde un primer piso. Cuando bajó a recogerlo, mi hija estaba llorando, por suerte no la había ni rozado, pero como ella le decía *"¿crees que es normal lo que estás haciendo?"* cogió una botella de cristal amenazando con romperla encima nuestro.

En ese momento yo me puse delante y le dije que la soltara si no quería que ese día quedara marcado en nuestra historia.

En ese momento, saqué el coraje suficiente y le dije que ya **NO LE PERMITÍA QUE NOS HICIERA MÁS DAÑO Y QUE TODO SE HABÍA ACABADO.**

Un nuevo episodio empezaba, debía estar fuerte, porque en estos momentos la VERDAD saldría a la luz. Con la fuerza de mis hijos y mi fuerza interior, y el acompañamiento de mi coach, salí de esa casa, empezando de cero con mis hijos.

3ª regla de ORO:

LA VERDAD TE HACE LIBRE.

3.

Verdades que te hacen libre.

En el momento que recuperas tu **SER**, en el momento que la **VERDAD** se forja en tu día a día, recuperas tu **LIBERTAD**. Recuerda que, para mí, es uno de los valores más importantes.

¿Qué significa para mí tener Libertad? Libertad es la capacidad de elegir, sin condiciones y sin negociaciones, no se puede amar si no eres libre. La libertad es el eje central a través del cual pasa el desarrollo de las personas, de su calidad de vida y del Amor. No hay Amor si no hay libertad.

Si yo pretendo restringir tu libertad, mi amor es de baja categoría. El Amor es la decisión de trabajar activamente por la libertad de otra persona para que decida qué hace con su vida, aunque no te incluya. El amor es la alegría por la sola existencia de alguien.

Amar es comprender, es cuidar, es inspirar la singularidad del SER.

Así que una vez recuperada mi IDENTIDAD, mi ESENCIA, pude entender que mi libertad había sido privada desde el momento en el cual la manipulación y los abusos se habían hechos presentes.

En este momento toca aprender nuevas habilidades, perspectivas de la vida y aumentar tu fuerza interior. En mi caso quise aprender en profundidad, desarrollarme y tener herramientas y técnicas para tener buenas relaciones. Empecé a buscar información y a educarme sobre lo surgido. Me formé como experta en relaciones a través del coaching estratégico.

Este proceso me ayudó a separar la carga emocional a través de la experiencia, a integrar situaciones y asimilar en qué proceso del duelo me encontraba.

La verdad llega vestida con un nombre y cuando identificas ese nombre eres capaz de comprender que lo que te ocurre a ti no es lo normal y único, que no eres la única persona y te sientes reconfortada. En ese momento en el cual le pones nombre a tu abusador, te liberas de la carga de culpa que él te había hecho creer. Un mundo de posibilidades se pone delante de ti para renacer entre las brasas como ave fénix.

NO ES TU CULPA, Y LO SABES.

Ahora que has reconocido la verdad, debes estar fuerte, debes conseguir la máxima energía para recomponerte de la situación que has vivido.

Para eso te recomiendo un plan de acción. Créate una rutina diaria. Levántate y dedica de 30 a 60 minutos para ti. Realiza una meditación corporal activa. Aquí te dejo los códigos QR para que la puedas realizar, scan me son las instrucciones y play now la meditación.

Debes mimarte, invierte tiempo en Ti y nada más. Es el momento de crear buenas bases para tu recuperación.

Debes saber en todo momento, dónde estás y hacia dónde quieres ir. Debes recomponer tu SER HUMANO, tu parte espiritual y tu parte terrenal para crear un equilibrio. Por un lado, tu parte física cuerpo-hogar, y por otra parte tu interior pensamientos, emociones, creencias, sentimientos y hábitos.

Vamos a ponernos RUMBO a tu GPS. Cuando te recompones por dentro, se nota por fuera. Por lo tanto, respira y relájate, este viaje va a ser largo, solo necesitas buscar el norte y equilibrarte con tu sur.

Si sigues todos los pasos diariamente estos determinarán el ritmo de tu día. Por eso te recomiendo que cojas una libreta y anotes todo aquello que hagas, que lo experimentes tipo diario. Cuando pasa el tiempo y recorres esa vida día a día pudiendo comprobar como has avanzado, entonces reconoces el trabajo que realizas. Puedes ver lo motivada que estás y agradeces haber escrito todas tus emociones.

Apunta todo aquello que te ocurra, ya que en este momento de catarsis el cuerpo puede enfermar, tu hogar físico también sufre heridas que deberás sanar, y esto ocurre por la intensidad de estrés acumulado que vives mientras dura la situación.

> Érase una vez una puerta cerrada, una ventana abierta, un universo lleno de estrellas y una mujer valiente. Sal a brillar tomando acción con la fuerza de una estrella fugaz.

Tienes todo lo que necesitas para superar cualquier situación, solo necesitas expandir tus recursos, si realmente no te sientes al 100%, hacerlo sola te va a costar mucho. Recuerda "Si vas sola, irás más rápido; pero si vas acompañada, llegarás más lejos".

Evita recuerdos dolorosos hasta que estés lo suficientemente fuerte, ya que cualquier detonante te hará volver atrás y sentirte débil. Como te he dicho, empieza por cuidarte y tomar tiempo para ti.

En el Método Cenicienta® te voy a enseñar a romper esos lazos para proteger tu SER y entrar en Paz y serenidad. Seguramente, durante este periodo te sientas sola o aislada, simplemente es porque las personas tóxicas están apartándose de tu vida y las estás empezando a identificar.

Enfócate en personas que suman, amigos o familiares que te apoyen, validen y aléjate de quien solo busque confundirte, herirte o invalidarte. NADIE MEJOR QUE TÚ SABE LO QUE TIENE QUE HACER, escucha tu corazón.

Por ese motivo, y para sentirte en SEGURIDAD debes crear un grupo de apoyo, o una red de apoyo. Mujeres que hablen tu mismo idioma, que hayan pasado por lo mismo que tú y sepan comprender lo que estás pasando. Por ese motivo he creado el grupo de Facebook para poder compartir todo lo que creas necesario. Ya que, cuando escuchas historias de otras personas te das cuenta de que no estás solo y mucho menos has perdido la cordura.

> NECESITAS RODEARTE DE GENTE QUE CREA EN TI Y TE ENSEÑE A TRAVÉS DE SU RECUPERACIÓN.

A pesar de que a mí me costó muchísimo hablar del tema, reconozco que el hecho de trabajar con un coach, de relacionarme con otros coach, de empezar a definir con quién quería pasar mi tiempo y de que temas quería tratar, me había dado la fuerza mental para mi recuperación.

Pronto entendí que necesitaba redefinir mi identidad, entrar en coherencia con lo que pensaba, decía y sentía. En definitiva, debía recomponer a mi YO.

NO ES TU CULPA, Y LO SABES.

Esta creencia quiero trabajarla en el transcurso del libro, porque si solo te llevas la limpieza de esta creencia, habrá valido la pena escribirlo.

¿Cuándo sabrás que has integrado la creencia?

Realmente es fácil de conocer, será cuando tu EGO deje de intentar arreglar las cosas y tomar la actitud de salvadora. Mira los roles e identifica sus fases.

El rol del Ego aparece cuando te has sentido rechazado, abandonado o culpable y lo niegas todo por miedo, vergüenza u orgullo y actúas como víctima, perseguidor o salvador.

Una vez lo identifiques y dejes de actuar de esa forma, podrás enfocarte en tu nueva actitud, la actitud de **INVENCIBLE.**

Así una fase importante es redefinir su identidad, de esa forma fortaleceremos los nuevos límites, adquiriendo la capacidad de decir **NO**.

Di **NO** para marcar límites y tomar decisiones hacia dónde quieres dirigirte, y qué quieres hacer.

SALIR DEL DRAMA Y VICTIMISMO	
SOY UNA MUJER	SOY UNA MUJER
MALTRATADA	QUE VIVIÓ UN MALTRATO
MIEDO	AMOR

Modifica tu lenguaje para salir del drama y victimismo. Empieza a cambiar el SOY UNA MUJER MALTRATADA por SOY UNA MUJER **QUE VIVIÓ** UN MALTRATO. En la primera opción vives desde el Miedo y en la segunda opción vives desde el Amor.

¡ESA NO ES MI REALIDAD!
APRÓPIATE DE TU REALIDAD.

Aprópiate de tu realidad, de tu NUEVA Identidad y sé la mujer que has venido a SER.

TÚ YA NACISTE GANANDO.

Me gustaría que siguieras anotando en tu libreta todas las emociones que tienes hasta este momento, ya que, en el fondo de tu corazón, existe una sensación inquietante, de que algo te falta o de que algo no está bien, pero como aún no eres capaz de identificarla, prefieres ignorar esa emoción.

Entonces un día despiertas y todo empieza a derrumbarse. Una nueva verdad se muestra ante ti, dejándote muchos conflictos internos para resolver. Tu mundo se colapsa, pero te abre una ventana llena de estrellas que te brinda una nueva oportunidad, tu nueva realidad. Lánzate para acelerar el proceso. Pero dime:

Si no es ahora, ¿cuándo?
Esta cárcel solo existe en tu mente.

Ahora ya tienes conocimientos al respecto y se dice que el conocimiento es poder cuando en realidad el conocimiento es poder en potencia. El poder surge cuando te comprometes y pones en práctica el conocimiento por la acción, es decir, tu fuerza de voluntad, el eje en tu vida.

Déjame preguntarte: ¿por qué sigues ahí?

Si realmente quieres hacerte consciente de tu vida, vamos a trabajar en qué te hace seguir ahí, en mi caso fueron 25 años. Hay que reconocer que esa transformación es posible y es lo que te va a llevar a cambiar las cosas. Cambiarás el RUMBO DE TU GPS y crecerás a partir de tus decisiones.

¿Estás preparada?
¡ADELANTE!

> Cuando descubrí la verdad, dolió tanto que escuché como mi corazón se rompía.

4.

¿Por qué sigues ahí?

Déjame que te diga que si tú continúas maltratándote en esa relación es porque no te has hecho 100% responsable de tu vida y no quieres recuperar las riendas de tu propio destino.

No te quejes, solo te quedan dos opciones, continuar leyendo este libro como si nada o hacer algo para que tu vida tome sentido, ese sentido al cual tú eres merecedora. Así que **COMPROMÉTETE A VIVIR TU VERDAD Y SANAR TU VIDA**.

No te digo que vaya a ser fácil, pero te aseguro que la recompensa vale la pena. Cuando recuperes las riendas de tu destino, te sentirás totalmente empoderada, y esa es la clave para salir de la relación con **PODER** y habiendo recuperado tu **VALOR**.

Quiero darte claridad acerca de porqué sigues ahí. En mi caso te diré que una vez recuperado mi poder, me encerré en querer recuperar mi familia y que mis hijos vivieran una vida maravillosa, que ciega estaba, no me había dado cuenta de que lo que hacía era confundirlos más.

Permíteme que te cuente que lo único que estaba haciendo era ser **una Absurda Cenicienta, procrastinaba por activa y pasiva.** Así que yo también permanecí ahí, hasta que te das cuenta de que mantenerse es peor que irse sin nada y empezar de cero. Te aseguro que cuando empiezas a registrar que todo lo que has sufrido tú, lo están sufriendo tus hijos y que si actúas a favor de ellos la devaluación y el abandono perjudicará tu estado emocional.

Empiezas a comprobar que la relación parasitaria de abuso también la lleva a cabo con tus hijos. Llegaba a dejar a mis hijos vacíos, sin motivación, sin energía y con ganas de huir. No empatizaba con ellos, su egoísmo era cada vez más fuerte, era como un vampiro que les chupaba su sangre. Sintieron que les había **VIOLADO** el corazón y entonces llegó el momento en el que me dijeron:

"-Mamá, ¿hasta cuándo vas a aguantar esta situación?"

A lo que yo les respondí:

"hasta que tu hermana tenga 18 años, solo así me encontraré segura de que no os puede hacer daño".

Esa no era la solución y así me lo hicieron entender, tal y como te he contado en capítulos anteriores, cuando te tocan a un hijo el dolor es insoportable y sientes como el corazón se rompe. Empecé a investigar y efectivamente los pinchazos que sentía no eran provocados por un infarto de miocardio, como le ocurrió a mi padre, sino se trataba del síndrome de Takotsubo.

SEGUNDA PARTE: CENICIENTA INVISIBLE

Síndrome del corazón roto

¿Has sentido que se te rompe el corazón? pues este órgano puede "romperse" en situaciones extremas de estrés.

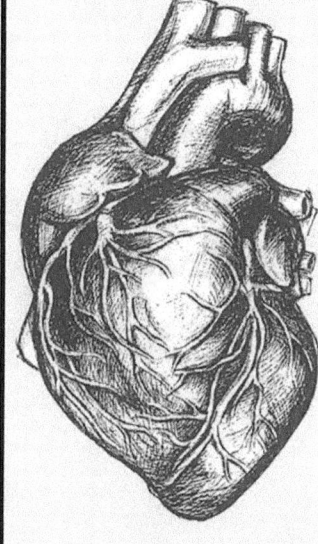

¿Por qué ocurre?
- Discusión fuerte
- Fallecimiento de un ser querido
- Malas noticias
- Incapacidad de controlar el estrés

Datos sobre el corazón roto
- Es temporal
- No deja secuelas
- No afecta las arterias como en un infarto
- Se le conoce como cardiopatía de Takotsubo
- Es más común en mujeres

El síndrome trata de un padecimiento que toma nombre de las angostas trampas para pulpos. El corazón roto se inflama y debilita su forma aumentando el tamaño de su ventrículo izquierdo, adquiriendo una forma es muy parecida a la del jarrón con el pulpo dentro.

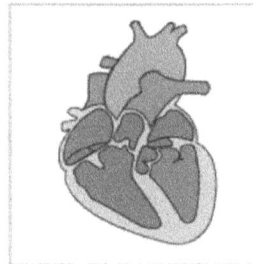
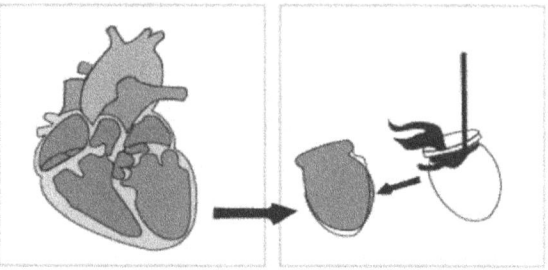
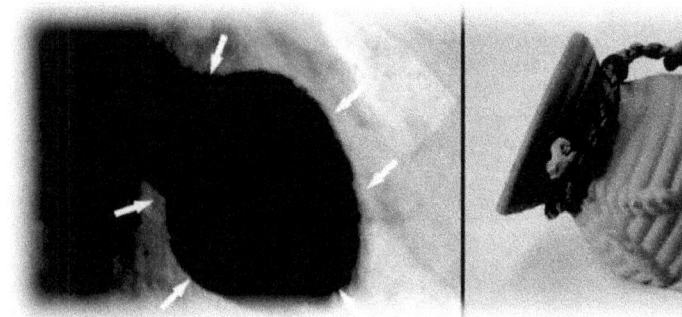
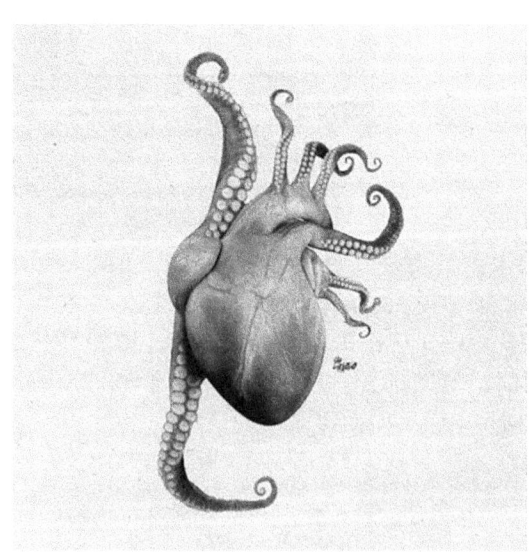

Hay situaciones en la vida que nos hacen pensar que podríamos morir de pena, como sucede tras el fallecimiento de un ser querido, **una ruptura amorosa** o **una gran desilusión**. Por el contrario, otras veces pareciera que el corazón no pudiera almacenar más felicidad y fuese a explotar.

Así que en una relación tóxica podríamos padecer dichos síntomas en varios momentos de la relación.

Aunque mayoritariamente esas sensaciones son momentáneas, sí hay un trastorno que afecta al músculo cardíaco tras experimentar fuertes emociones: se trata de la Miocardiopatía de Takotsubo.

Esta fue descrita por primera vez en Japón hacia 1990 y se llama así por la forma que adopta el corazón en esas circunstancias, similar a las trampas de pulpo de ese país. Posteriormente adquirió el nombre de **"Síndrome del Corazón Roto"** en referencia a la posibilidad de que efectivamente se pueda enfermar o incluso morir de pena.

El Síndrome del Corazón Roto presenta síntomas parecidos a los de un infarto agudo al miocardio, como el dolor de pecho y la falta de aire, sin embargo, no afecta a las arterias coronarias, según estudios médicos. Quienes lo sufren tienen buena evolución debido a que los trastornos o alteraciones de la motilidad ventricular **son reversibles**, por lo que se logra una recuperación completa en pocas semanas, en algunos casos se puede llegar a ingresar.

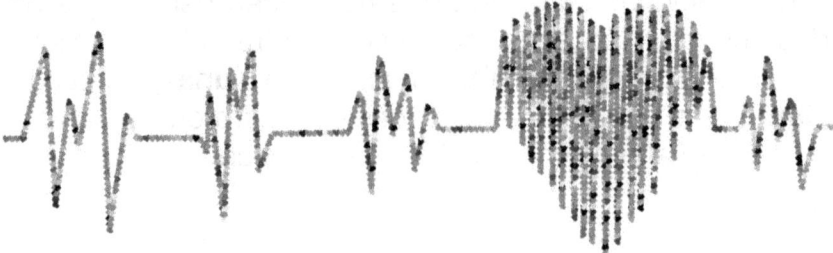

El corazón no muere cuando deja de latir...
El corazón muere cuando sus latidos no tienen sentido.

Cuando ocurre este momento descubres que es la destrucción, que no es una simple ruptura de pareja, sino un sentimiento de Amor Cero.

Ya te he contado la relación del vínculo traumático, pero cómo se desarrolla. Voy a detallarte cómo funciona para que entiendas que este vínculo se desarrolla a través de los años de estar conviviendo con el abusador. Normalmente no eres capaz de salir corriendo, ni de liberarte de esa relación que te está destruyendo porque has situado tu existencia, tu esencia y tu identidad en una persona tóxica.

Te puedo asegurar que hay muchísimas personas tóxicas que viven a tu alrededor cuya única intención es dañarte, abusar y arrasar contigo.

Los 3 efectos son:
1. Lealtad desmesurada.
2. Incapacidad de desvinculación.
3. Negación de la realidad.

Esto sucede: Cuando a pesar de saber que te han hecho daño, después de salir de la relación, continúas pensando qué será de ellas y qué estarán haciendo. Cuando quieres salvar a esas personas, a sabiendas que han demostrado que no cambian. Cuando pretendes que te comprendan. Cuando sigues siendo leal a esas personas.

Te aseguro que ahora, es fácil leerlo, pero es muy difícil de aplicarlo cuando te han envenenado con su virus.

Es curioso que **esa lealtad hacia él es una deslealtad hacia tu amor propio,** es imprescindible que lo detectes y busques ayuda.

YO PUEDO AYUDARTE.

Porque te has vuelto una ADICTA A TU RELACIÓN y la estás alimentando gracias al daño que recibes, aunque paradójicamente tú necesitas esta relación para escapar del sufrimiento emocional y el dolor.

Eso es lo que yo viví, escapaba de un sufrimiento emocional y dolor y me agarré al clavo más ardiente que había sin pensar simplemente si era el remedio a mis miedos.

En mi caso, dicha adicción procedía de las broncas, abusos, maltratos y estados emocionales. Me producía un subidón en mi noria particular, donde giraba cada vez con una **INERCIA** más fuerte y rápida, que no me permitía estar en el **AQUÍ Y AHORA**.

De ahí nace la sensación de culpa porque ese vínculo tiene origen en la traición. El vínculo de traición no es otro que el de **CULPABILIDAD** porque has incumplido tus estándares y tienes que hacer algo para solucionarlo.

Ese vínculo intensifica la relación con potentes sentimientos de apego, deseo y vinculación que son activados a través de los traumas sufridos. Cuando estos traumas aparecen no son ni mucho menos la primera vez, y si vamos al origen descubrimos que apuntan a un evento de la infancia. En mi caso fue la herida de la humillación. Estas experiencias apuntan a los siguientes tipos según el cuadrante del abuso.

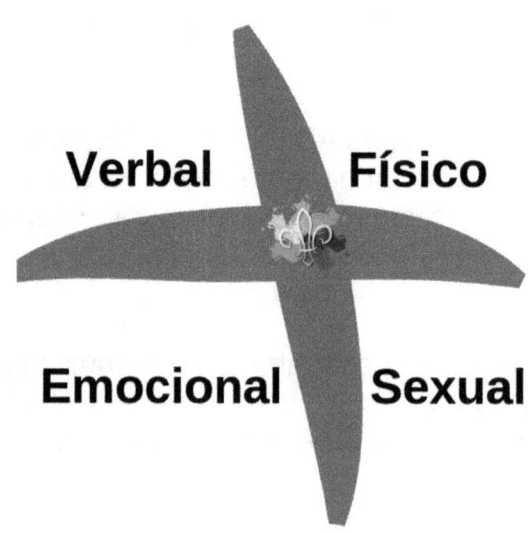

Gracias a ese evento, puedes escribir tu historia repitiendo el patrón si no tomas acción, para salir de una relación tóxica. Te aseguro que para generar una relación tóxica solo hace falta un segundo, sin embargo, puede durar toda una vida.

Y luego ¿qué?

Empieza por encender la luz que se halla detrás de toda esta oscuridad que ves, a través de tu voluntad y fuerza con determinación de salir adelante porque aceptas la verdad. Creer en ti, tener esperanza y si yo he podido salir adelante, **TÚ TAMBIÉN.**

Empecemos por **Sanar tu corazón Roto**.

Lo primero que debes hacer es tomar una decisión importantísima:

1. Si te quedas con el dolor
2. O trabajas para superarlo hacia una solución.

Ni sentirte víctima, ni enfadarte, ni todo lo que imagines no te devolverá la paz y la serenidad, ni incluso la felicidad. Así que ponte manos a la obra.

Para conseguir tu libertad debes:

1. Aceptar el final de la relación.
2. Superar los bloqueos emocionales.
3. Reflexionar sobre los posibles errores.
4. Evitar el contacto con tu expareja (salvo que tengáis hijos en común).

Para superarlo debes pasar y superar el proceso de duelo, tener el apoyo necesario te ayudará a ir más rápido. Recuerda que pedir ayuda no es malo y siempre será mejor que hacer una tontería por AMOR.

Recuerda que eres una persona que vivió un evento, no utilices más el adjetivo. Empieza a cambiar tu vocabulario. Sé que estarás pensando, si Carmen todo lo que tú digas, pero nadie sabe lo que yo siento ni cómo lo siento, porque el dolor es mío.

Te puedo decir que YO TAMBIÉN HE PASADO POR AHÍ, aunque ahora pienses que tu mundo se ha derrumbado y que ya nada ni nadie te hará vivir, sentir, o incluso si piensas es que tengo una edad, todas esas preguntas me las hice yo. Te aseguro que cuando encuentras a la persona adecuada, te garantizo que tendrás emociones más bonitas, que nunca las has sentido y te darás cuenta de todo lo que no has vivido, sentido y que la vida toma sentido.

Así que, acéptalo contra antes mejor y haz tu proceso de duelo para poder seguir adelante.

Deja tu máscara de la felicidad aparte y sé feliz en el camino de tu vida.

5.

Adicta a la máscara de la felicidad.

Durante todo mi proceso, gracias a mis conflictos internos y creencias, me mostraba con una enorme máscara de la felicidad.

Rechazaba cualquier drama, había vivido el mayor de los miedos. Tenía miedo a la muerte, deseaba tener más tiempo y anhelaba el amor, así que, me enfocaba en una falsa felicidad para sobrevivir a las circunstancias.

Sobrevivir motivada te permite que el proceso acorte tiempos, aunque debes pasarlos igual. No es lo mismo vivir en drama victimizándote y sintiendo el más profundo dolor, que vivir motivada con el objetivo claro dirigiéndote a la solución, aunque procrastines en tus decisiones, ya que siempre estarás a un paso hacia tu **COMPROMISO**.

Lo primero que tuve que pasar fue el proceso del duelo. Como te he explicado depende de tu estado real, para que tardes más o menos tiempo en superarlo.

¿Qué entiendes por duelo? Es un ajuste emocional después de la pérdida, mientras dura las emociones juegan una batalla donde se solapan varias etapas y se mezclan. Deben pasarse todas para la total curación. Tendrás días mejores, otros no tan buenos, incluso lo que creías superado puedes volverlo a sentir.

Date tiempo, el justo y necesario. Todos no somos iguales y se han de respetar los tiempos.

Ten por seguro que si no pasas el duelo, tarde o temprano aparecerán esas emociones que has bloqueado para no sentir. Deja curar tus heridas y que cicatricen emocionalmente. No te enfoques en el pasado y no sustituyas uno por otro porque acabarás siendo una persona viviendo una vida que no es tuya y te esconderás bajo una máscara de tristeza, rencor y enfado.

Si no tienes fuerza, pide ayuda, no dejes actuar a tu ego por la simple creencia de que eso no va contigo y eres una persona fuerte. **PERMÍTETE SER VULNERABLE.**

Los pasos del duelo.

1. **El Shock – La pérdida.** Es un paso de la sorpresa, de desorientación y de bloqueo. Esta etapa es la más difícil porque puedes caer en la súplica, resistencia y lucha.

2. **Negación.** No aceptas que la relación ha acabado, las emociones suelen ser rabia y resentimiento. Si hay infidelidad incluso en esta fase hay posibilidad de que te obsesiones con la situación. En esta fase necesitas integrar la tristeza para poder llegar a superar la ruptura.

3. **Desaliento.** En este paso la baja autoestima y encerrarse en sí misma, con pensamientos negativos, lo que conlleva que se alargue la tristeza negando la realidad.

4. **Pena y depresión.** No solo proviene de la pérdida sino también del fracaso sobre el proyecto de vida. En este periodo buscas cubrir la necesidad de amor con exceso de trabajo, comida o alcohol. De esta forma puedes caer en depresión quedándote por tiempo estancada. Pídeme ayuda, sabes que estoy a tu lado.

5. **Culpa.** Este paso está asociado al fracaso de la relación que no haya funcionado, crees que es injusto todo lo ocurrido y de todos los fallos habidos. Necesitas perdonarte para poder superar y avanzar. De esta forma podrás cerrar el proceso del duelo con éxito.

6. **Ansiedad.** En este paso solo recuerdas las cosas buenas y tratas de mantener contacto, pero te aseguro que en una relación tóxica debes mantener el contacto cero. Aparece la frustración por lo vivido y que no puede volver.

7. **Resignación.** Este es el paso más duro porque existe el riesgo de quedarse sin motivos para seguir adelante. En este paso has de liberarte de la relación y recuperar la energía que perdiste por el camino.

8. **Aceptación.** En este paso aceptas que ha llegado el momento de iniciar una nueva etapa. Es el paso del proceso de cambio y acepción real. Volverás a ser tú sin contar con nadie más que tú, superando toda

situación con actitud positiva. Retoma tus hobbies. Practica el ARTE de AMARTE.

9. **Reconstrucción.** Reconstruir tu vida no es tarea fácil, por eso debes estar preparada para este paso, donde habrá días tristes y días alegres, estás en la fase de querer conocer a otras personas, aunque necesites trabajar tu fortaleza mental y emocional.

10. **Superación.** Este es el último de los pasos donde ya puedes verlo con una visión objetiva. Puedes hablar de todo, sabes gestionar tus emociones. Incluso analizar todo lo aprendido.

Aunque debo decirte que la peor parte, es quedarte atrapada en uno de los pasos, estancada en el duelo donde los pensamientos repetitivos negativos aparecen como un muro a saltar, un obstáculo para superar la ruptura.

Una vez pasas por todos los pasos puede que sea la primera vez que te sientas empoderada. Aunque alguna parte de ti se sentirá indefensa y pequeñita al menos en alguna área de tu vida. Pero con el trabajo de tu inteligencia emocional volverás a encontrar el autocontrol para seguir creciendo y mejorar tu autoestima.

El secreto es poner el foco en lo que quieres y no en lo que ya no tienes. Cuando te haces responsable de tu vida, ves como tu actitud afecta a todo lo que te rodea. Te das cuenta de que eres **INVENCIBLE** y que ya no eres **INVISIBLE** como antes.

Ya No Hay Marcha Atrás.

Te aseguro que tú todavía no eres consciente ni reconoces tu capacidad de solucionar cualquier cosa, poco a poco te darás cuenta de que al fin crees en ti.

Nada es fácil así que prepárate para que en el mejor de los momentos aparezca de nuevo el Sr. Miedo, el cual te invita a sabotear todo el trabajo realizado, para que abandones y te sometas. Te aseguro que yo tardé 9 meses con esta sensación sabiendo sin saber, temiendo sin temer, saboteándome sin saboteo. Simplemente pequeñas pruebas del Universo que te las materializa, donde tu saboteador te regalará tus oídos, diciéndote todo aquello que necesitas escuchar para caer.

Recuerda ese momento como cuando aparece nuestra simpática Mantis religiosa. **La mantis se camufla muy bien en su hábitat y es difícil verla. La mantis es carnívora y una**

depredadora paciente. Es capaz de aguardar a su presa, a quien espera casi inmóvil y ataca por sorpresa y con rapidez. Imagina por un momento cuantas similitudes con tu saboteador.

Según las estadísticas, los sobrevivientes de abuso vuelven un promedio de 7 veces al ciclo de abuso. Te lo aseguro, yo misma pasé por eso. Es tu zona de confort y es fácil caer de nuevo. Tu abusador puede ser un amigo, un familiar, cualquier persona que te quite tu poder.

Estás cansada, agotada y harta de llevar constantemente la máscara de la felicidad. A pesar de haberte trabajado y pasar por todos los pasos, hay días que te sientes impotente y ya no quieres sentirte más así. Por eso un día llega y al fin actúas, das un salto de fe y compromiso sin importar las consecuencias.

Ese día decides convertirte en la heroína de tu vida, dejas de buscar quien te salve para salvarte tú, te enfocas en el resultado que quieres obtener. Abandonas cualquier rol y te adentras a SOBREVIVIR A TODA COSTA. Por ti, por tus hijos y porque tienes que romper con todo y dejar un legado donde tus hijos recuerden tu coraje y tu vulnerabilidad por encima de todo.

Ves como la indefensión aprendida va desapareciendo poco a poco. Esa impotencia que ataba tus muñecas con unos grilletes también va desapareciendo y los va soltando. Te atreves a empezar una nueva vida, una vida de cero, pero en definitiva una vida maravillosamente mágica.

RESPIRA.
SÉ CONSCIENTE.

SEGUNDA PARTE: CENICIENTA INVISIBLE

Ahora te encuentras en esa fase en la que ya has decidido que nada ni nadie te va a hacer retroceder. Te has empoderado, te identificas con tu heroína y empiezas a visualizar un futuro prometedor.

Subes a la noria para coger velocidad. Utiliza aquí la INERCIA para saltar, decidir y tomar acción. En esta fase utilizo la ley de las #12campanadas. Más adelante te explicaré el porqué de esta técnica, cómo la descubrí y para qué sirve.

Cuando la creé era muy pequeña y ahora sé que gracias a esta ley y a su aplicación conseguí hacer todo aquello que me había propuesto. Yo le llamaba **magia**, aunque en realidad era **emoción.**

¿Alguna vez te has preguntado cuántas decisiones tomamos al día?

Es prácticamente imposible, aunque se estima que unas 35.000 decisiones al día, porque tomamos millones, aunque no seamos conscientes de ello. La gran mayoría se toman de forma inconsciente, ya que el cerebro toma las decisiones en **"INERCIA"**.

¿Y por qué lo hace?

En principio es para evitar que nos volvamos locos.

¿Es necesario esta INERCIA?

Sí, para pequeñas acciones mecánicas (levantarte, lavarte, conducir, escribir...), pero No, para todas las decisiones y este es el eje de este libro. Cuando vivimos en INERCIA, tomamos decisiones que nos llevarán a no ser coherentes con lo que realmente deseamos, sino con lo que nos ha marcado la sociedad.

¿Alguna vez te has preguntado qué hubiera pasado si en lugar de haber hecho X hubieras hecho Y?

¿Te has arrepentido de no haber tomado la decisión contraria?

¿Has dado gracias por haber tomado la decisión correcta y haberte librado de algo peor?

Cada día tomamos decisiones que aparentemente no nos afectan nada, aunque en realidad si pasado un tiempo volteamos la vista atrás podrás darte cuenta de que aquella decisión te llevó muy lejos. En mi caso la decisión de casarme me llevó a mantener una relación de 25 años que acabó casi con mi esencia.

Las decisiones que tomamos son la causa directa de nuestra felicidad o infelicidad. Pero la mayor causante de infelicidad es la ausencia de decisiones en nuestra vida. No hay nada que genere mayor sufrimiento que la duda, porque la duda nos mantiene estancados. Si nos estancamos, no avanzamos. Si no avanzamos, dejamos de crecer. Y si dejamos de crecer, comenzamos a morir. Es por ello por lo que, si no quieres sufrir, es mejor que comiences a tomar decisiones, y ahora es el momento.

6.

Sobrevivir a toda costa.

A partir de ahora, vas a descubrir que todo aquello que has acumulado para sobrevivir en tu entorno abusivo, te va a servir como aprendizaje y aunque aparentemente parece que las cosas pueden salir mal, solamente está saliendo todo tal y como debe ser para darte la fuerza y el coraje suficiente para que sigas creyendo en ti.

Una vez estés en un lugar seguro, justo en ese momento que nada puede robarte tu paz y serenidad, surge algo que tendrás que solucionar, pero te aseguro que después de todo lo que has pasado esto que te ocurra lo tomarás como una aguja en un pajar.

Puede incluso que llegado este momento decidas o tengas la necesidad de compartir tu historia, tanto si es solo para ti como si quieres lanzar tu carrera de escritora.

Así que aquí te dejo este código QR, para que lances tu carrera. Solo te pido que veas la masterclass, el resto, ya sabes será tu decisión. Sé que ahora estarás pensando que esto no es para ti, pero ¿qué hubiese ocurrido si yo hubiera pensado lo mismo?

Compartir puede ayudar a muchas personas a ver que no están solas y que gracias a su historia más de una puede tener claridad acerca de su momento Cenicienta.

Sobrevivir a toda costa, te va a traer en muchas ocasiones un efecto de déjà vu donde te sentirás que estás reviviendo tu pasado y no tendrás otra opción que revivirlo, lo que te puede provocar estrés mental.

En este momento retornas a tu SER, dejando caer todas tus máscaras, tus vergüenzas y miedos. Llega el momento de luchar por algo nuevo. La transformación en la que has estado trabajando dará paso a proteger tu libertad y paz en una nueva forma de vida.

Recuerdo la primera noche que pasamos mis hijos y yo en nuestro nuevo hogar, estábamos cenando los tres juntos conversando de cómo había ido el día y de repente mi hija nos dijo:

> Hija -Silencio, ¡escuchad!
>
> A lo que le respondimos:
>
> Nosotros - ¿Qué?, si no se oye nada.
>
> Hija -El silencio, la paz ¿no es maravilloso? Acabó preguntándonos.

Esos momentos son los que me han hecho consciente de que en realidad aquello que yo estaba evitando, que crecieran sin un padre, ellos estaban reclamando huir porque no soportaban más aquella situación.

Llegar a este punto es como cuando atraviesas un tsunami, un huracán. A su paso todo lo devasta, te quedas con lo puesto y si sobrevives, necesitas el coraje para mantenerte lo suficientemente fuerte para impulsarte y no abandonar.

El mayor riesgo que tenemos que enfrentar es ser vistos como somos en realidad. Lo que necesitamos está ante nosotros y solo necesitamos tener valor y ser generosos para verlo.

No dejes que el miedo a perder te impida jugar porque todo empieza a MEDIANOCHE. Si Cenicienta hubiera regresado por su zapato de cristal, no se hubiera convertido en Reina. Así que, no temas el desafío, toma acción y vamos a por todas.

Déjame que te cuente una parte de mi descubrimiento que fue el inicio de mi salvación y ocurrió justo ahí a MEDIANOCHE.

Como te había comentado, mi despertar llegó después de un evento en Madrid. Un evento de 4 días, dónde trabajábamos a través de dinámicas el descubrimiento del SER.

Justo fue en el último día cuando un detonante, saltó todas las alarmas habidas y por haber. La cuestión es que me fui del evento recordando lo ocurrido en mi niñez y cuando me disponía a regresar a mi casa con el AVE desde Madrid-Atocha hacia Barcelona-Sants, empecé a repasar todos los temas tratados, todo lo contestado reflejaba lo descubierto.

Siempre digo que las cosas pasan por algo. En el viaje de regreso a casa iba sola en el AVE, en esa ocasión no fui acompañada. Cuando me senté, cogí mi libreta entre sollozos y lágrimas, la verdad todavía no daba crédito a lo que había descubierto, no daba crédito a que toda mi vida hubiera sido guiada por un evento sucedido en mi infancia.

Repasé de arriba abajo, pudiendo comprobar que todas aquellas emociones que habían surgido al final del evento las había marcado desde el primer día. En ese momento descubrí que tenía heridas en mi corazón que debía sanar.

Estaba a punto de llegar a Barcelona cuando el reloj señalaba las 12 en punto. Vinieron a mi mente muchas situaciones y supe que debía hacer algo al respecto, había perdido muchos años viviendo la vida de una persona que yo no era. Fue en ese momento cuando me prometí que:

TODO EMPIEZA A MEDIANOCHE.

A pesar de mi fuerza de voluntad el camino para sobrevivir es duro y te aparecen muchos detonantes y situaciones que debes saber llevar para no recaer.

Empecé a dormir poco y mal. Insomnio, pesadillas, me costaba conciliar el sueño, además de desvelarme con el mero sonido de una mosca. Tuve recuerdos que me provocaban rechazo, remordimientos al traer al presente recuerdos dolorosos.

Intentaba reconstruir el momento, empezaba a entender porqué no me hablaba con ese familiar, porqué rechazaba algún miembro más de la familia. Me hacía trampas a mí misma creyendo que si algo de todo aquello no hubiese ocurrido quizás nada hubiese pasado y ahora todo iría bien en mi vida personal.

Sentía además el problema de abuso que sentía en casa y me confundía pensando que quizás si evadía ese problema todo volvería a la normalidad.

Sentía ira y depresión. No tenía ganas de trabajar, ni de hacer absolutamente nada. Gracias a mis hijos, yo me obligaba para que todo fuese rodado, me obligaba a hacer las tareas y de esa forma todo se respiraba con plena naturalidad.

Pero al regresar a casa lo único que quería era esconderme. En mi caso me metía en la cama y dormía o me escondía detrás de unas enormes gafas de sol al salir de casa. Deseaba superarlo todo y reírme de la situación que estaba viviendo por el mero hecho de contarlo en clave de humor.

Tenía días que creía que estaba recuperada, y otros hundida en la miseria, pero me di cuenta de que todavía no había integrado todo lo que debía conocer para SANAR mi historia.

Tenía miedo y malinterpretaba las intenciones o palabras de otras personas pensando que eran ataques, engaños o incluso traición.

NO sabía en quién confiar por ese motivo, la mayor parte de las cosas que me ocurrían nadie las sabía. Así que como no contaba nada, me escondía tras la máscara de que todo iba bien, me sentía desconectada del mundo real.

Huía de los comentarios que me podían causar más toxicidad, me escondía en mi mundo de colores, aunque poco a poco tenia más claridad acerca de todos los abusos que acabamos sufriendo en el día a día.

Empecé a procesar las heridas sufridas y marqué límites saludables, para mejorar mi capacidad de decir **"NO"**. Mi sentido de responsabilidad hacia mí cada vez era más evidente, me estaba dando permiso para restaurar mi sentido de validación y aprobación propio en lugar de querer agradar a todo el mundo.

Trabajé la compasión y aceptación, estaba en contacto con mis emociones, poco a poco me daba cuenta de que me recuperaba cada vez más fácilmente en cada tropiezo. Ya no me saboteaba tanto, mi diálogo interno era más positivo, me aumentaba la energía y la creatividad.

En ese momento aumentaba mi resiliencia, autoestima, valor. Estaba preparada para la recuperación, la limpieza interna y la sanación.

Enfocada en el presente, visualizando un futuro, me encontraba preparada para reconstruir mi capacidad para hallar soluciones. **TE ASEGURO QUE ESO TE CAMBIA POR COMPLETO.**

Cuando sobrevives a toda costa, trabajas directamente con tu fuerza, confianza y coraje, sientes ese poder INVENCIBLE que no te hace mirar atrás sino más bien hacia adelante.

En ese momento, yo había aceptado mi Verdad aumentando mi sentido de autosuficiencia. Era difícil creer que me estaba volviendo más fuerte cuando en realidad me veía llena de retos y dificultades.

El proceso de recuperación no es fácil, pero te aseguro que, si vas acompañada, llegas más lejos. Debes confiar en tus avances, no mirar atrás, ya que el proceso de transformación te fortalece.

Durante dicho proceso te recomiendo que tengas en mente frases, imágenes, situaciones que te empoderen, a mí me funciona mucho la frase de la película Forrest Gump: "¡Corre, corre, Forest!" Y yo le añado "no mires atrás". Esta frase no es para huir ni mucho menos, sino para continuar con tu propósito y visualizar un futuro positivo, es como decir, ponte en marcha y vamos a por todas.

Además, el hecho de correr te da energía, te empuja a continuar, sales de tus pensamientos recurrentes y rompes con tus conflictos internos. Prepárate para pensar qué acción te motiva para cortar con toda la **INERCIA.**

Antes de iniciar ese proceso de recuperación deberás identificar tus fuerzas internas a las que recurriste para sobrevivir al abuso.

Lo primero que debes saber es que para desvincularte totalmente debes desaparecer de su vida y él de la tuya. Para proteger tu bienestar y el de los tuyos debes acudir al contacto cero.

Te puedo asegurar que yo no empecé así, por ese motivo me gustaría dejarte muy claro que para empezar una nueva vida y que no perjudique la nueva etapa, necesitas separar por completo toda etapa tóxica para salir victoriosa.

Yo creí que una vez fuera de su vida, podríamos llevar una relación cordial por el bien de mis hijos. Pronto me di cuenta, y fue gracias a todo el trabajo realizado, que estar separados no era sinónimo de cambio y que a toda costa continuaría queriendo manipular y abusar en cualquier tema relacionado con nuestros hijos.

La clave está en tener la necesidad de bloquear a esa persona para proteger, prevenir tanto a ti como a los tuyos de cualquier ataque que dañe tu salud y bienestar.

Si todo esto lo llevas de manera que puedas controlar tu momento, tu instante será perfecto, ya que recuerda que tu autocontrol será lo único que podrás dirigir gracias a tus decisiones. Recuerda que no puedes controlar lo que ocurre fuera o en los otros, que no te afecte.

Cuando dejas de controlar todo lo que puede ocurrir, empiezas a fluir. Aumenta la confianza, aceptas todo lo que te llega y se abre un universo frente a ti. Además de comprender que cuando pasa algo no es contra ti, sino para ti, buscando la forma y el instante de superación, llegando a reconocer el porqué y el para qué ocurrió.

Te aseguro que la magia existe ya que algo mágico ocurre cuando te transformas desde el interior. El universo se confabula y responde, empiezas a involucrarte con la gente y con nuevas situaciones. Se abre un universo de posibilidades.

Pero te aviso, habrá momentos que vivirás en plena calma y otros que la tormenta del pasado atacará tu presente, no te apures, tu fuerza, tu coraje y tu vulnerabilidad estarán ahí para acompañarte.

Necesitarás un equilibrio emocional importante, cada vez que establezcas más equilibrio reconocerás más tu recuperación. Lo notarás porque el periodo de tiempo se reducirá, vivirás en estado Flow y reconocerás que estás viviendo en resiliencia emocional. **VERÁS QUE SERÁ MUCHO MÁS FÁCIL RECUPERARTE RÁPIDAMENTE DE UN BAJÓN.**

Antes de empezar por el periodo de recuperación deberás reconciliarte con tu niña interior.

Si eso no ocurre piensa que te podría llevar a la repetición compulsiva de estar viviendo una y otra vez experiencias parecidas con distintos rostros. El subconsciente lo hace para justificar e intentar solucionar el problema.

Ahora, ya has reconocido cada uno de los momentos, prepárate, para coronarte como reina INVENCIBLE.

A través del Método Cenicienta® Detectarás, Resetearás y Reprogramarás una nueva vida.

¡ADELANTE!

Tercera parte:
REINA INVENCIBLE

7.

El proceso de recuperación.

RECONOCER LA HERIDA DE TU INFANCIA ES VITAL PARA AVANZAR

En el proceso de recuperación es vital localizar dónde comenzó el patrón de abuso. Llegar al Origen por muy doloroso que sea. Ya que si no lo integraste o sanaste en ese momento, te ha dejado impresa una huella que mantenida en el tiempo revive y aceptas dichas relaciones y normalizarás la situación sin querer detectarla.

Esto es lo que te lleva a la repetición de patrones y vivir una y otra vez el mismo dolor con diferentes personas. En el fondo lo que quieres es solucionar el problema.

Dentro del proceso de recuperación debemos trabajar la confianza y validación que nunca recibiste durante el periodo del abuso. Dentro del proceso de recuperación debemos identificar muy bien el tipo de lenguaje que emitimos, si es negativo lo desechamos y si es positivo lo mantenemos para tener mejor calidad de vida.

Transforma primero esos pensamientos negativos en positivos, dándole la vuelta a la tortilla. Lo que te dices refleja tu sistema de creencias y dónde nos debemos trabajar. Si creciste dentro de una familia narcisista, tu programación interna, tu hoja de ruta estará basada en el miedo y la duda.

Seguramente hasta que no domines a tu dragón la recuperación no será posible y si se da, no obtendrás tus frutos.

Para dominar a tu dragón deberás sintonizar con 4 emociones vitales para que te den la fuerza que necesitas en este momento:

1- Seguridad.
2- Coraje.
3- Amor.
4- Alegría.

Concentra toda tu fuerza desde **tu Powerhouse**, fuerza creadora que nace desde tu vientre y cambia tu corporalidad con tu posición de poder gracias a las emociones que te he detallado. Recomiendo ampliamente este ejercicio así que ponte en contacto conmigo y te envío un enlace para que veas cómo se realiza.

Cuando realices este ejercicio y otros, que pronto te explicaré dentro del Método Cenicienta®, podrás notar la diferencia entre tu centro de poder y tu mente más despejada.

Durante esta etapa vivirás y trabajarás tus límites para aprender a decir **NO**.

De pequeños nos enseñan a que todo es *no*, y nos roban esa etapa de descubrimiento, donde pronto el miedo se apodera y tiendes a complacer más a los demás. Marcando estos límites te ocupas cada vez menos en complacer a otros porque valoras tu bienestar y tu amor propio.

Te puedo asegurar que durante el proceso de recuperación te sientes rara, como si el interés que deberías tener lo hubieses perdido, pero en realidad lo único que estás haciendo es priorizar tus necesidades después de estar priorizando tu vida sirviendo a los demás.

Aquí aparece de nuevo la culpa, aunque he de anticiparte que es una falsa culpa, ya que poco a poco sentirás ese cambio para el bien de tu vida.

Cuando empecé a dominar la habilidad de decir **NO**, me sentía con más vitalidad, notando que mi energía la tenía totalmente cargada para invertirla en mis sueños y mi recuperación.

Cuando estés al 100% cargada, te sentirás más segura, más tranquila y tu responsabilidad la verás cómo lo más importante para ti.

Pronto empezarás a vincularte con otro tipo de personas que son más afines a ti, así que elige bien a aquellas 5-6 personas con las que más te quieres relacionar. Escribe sus nombres por orden de mayor a menor y especifica el motivo por el cual vibras en máxima potencia de esa forma y por puntuación resolverás la duda y sabrás si debes aproximarte o alejarte de ellos.

No dudes en este momento, ya que estás protegiendo tu emoción de paz y alegría.

A partir de este momento de recuperación, en la primera persona que deberás pensar es en ti, por ese motivo la primera relación que trabajarás es contigo misma, por ese motivo te recomiendo que acudas, como te decía en el capitulo 2 al reto de 21 D en Youtube. Insisto porque si no lo has hecho, el momento es ahora. Si lo has hecho, repítelo tantas veces te sea necesario. La información que no se fija, se pierde. Trabájala por ti y para ti.

HÓNRATE PARA SABER QUÉ RELACIONES SON HONORABLES EN TU VIDA.

Gracias a toda la formación en mi parte del **SER,** pude trabajar la confianza a partir de honrar mi vida como SER MA-

RAVILLOSO que había venido a SER. Entender que todo lo ocurrido era parte del proceso y que evidentemente me había puesto un velo frente a mí para protegerme, servirme o mantenerme en el tiempo.

Si llevas leyéndome o siguiendo por redes sabrás que siempre digo que lo bueno es el equilibrio y saber trabajarlo tanto nuestra parte del SER como nuestra parte HUMANA.

Así que desde el momento que equilibras tu parte espiritual con la terrenal entras en perfecto equilibrio reconociendo y abrazando, puntada a puntada, ese camino que vamos diseñando en el transcurso de nuestra Vida.

Apasiónate Diseñando tu Vida.

En el momento que equilibres, tu sentido de la intuición se activará. Ahora da marcha atrás y vuelve al momento en el que crees que ese impacto emocional ocurrió y observa si tuviste alguna señal que ignoraste. Por ejemplo:

¿Lo puedes ver?
¿Lo puedes oler?
¿Lo puedes escuchar? O,
¿Quizás esa sensación rara que te produjo malestar?

Reconoce tus señales y tu forma de intuir, ya que la próxima vez será mucho más fácil reconocerlo.

Es esencial que lleves un diario de control, dónde el registro de tus emociones será esencial para que te des cuenta de todos tus avances.

LA CLAVE PARA TRANSFORMAR TU VIDA Y EL RESPETO PROPIO ES TRABAJAR EN COHERENCIA Y EN TU ESENCIA.

Y de repente un día te quedas SOLA, la soledad entra a tu vida y te das cuenta de que tenías una vida, tenías una historia que empiezas de cero y lo único que te ha quedado es LA SOLEDAD.

A pesar de haberte trabajado, a pesar de estar en un camino donde tu crecimiento mental aumenta exponencialmente, puedes sentir SOLEDAD y caer en pánico profundo.

Pregúntate, si prefieres la SOLEDAD a estar enganchada a un parásito HUMANO que te manipula y te roba tu vida.

Estoy segura **amada Cenicienta** que AHORA es el momento de estar presente en tu vida, viviendo el **AQUÍ Y EL AHORA**, siendo totalmente coherente para ser quién has venido a ser. Comprobarás que la SOLEDAD empieza a disminuir cuando tú te acercas más a tu SER.

Te aseguro que las personas acostumbramos a ser ciegas cuando vemos, sordas cuando oímos y mudas cuando hablamos, gracias al bombardeo de pensamientos provocados por una vida sin enfoque, sin decisiones, sin compromiso, sin acción.

Estar presente en tu vida te dará **el inicio** de tu **TRANSFORMACIÓN.** Empezarás a entender que tienes otros sentimientos, otras emociones, otros valores y AHORA es cuando empieza el trabajo interno para identificar quién eres realmente.

Cuando estás Presente siendo tú la que quieres SER, te conectas al mundo que te rodea y la SOLEDAD desaparece. Dejas las distracciones y disociaciones a un lado y tienes más energía para invertir en ti.

SOLEDAD

Cuando te permites ser tú misma, te sientes realmente quién tú eres, de sentirte competente, orgullosa de ti, teniendo más claridad y mejores decisiones.

Cuando no te encuentres auténtica, notarás de que reduces tu valor ya que pretendes ser quién no eres, no te sientes coherente y en realidad tu esencia estará en un falso YO o una falsa autenticidad.

Sin embargo, cuando tú brillas con luz propia significa que te permites ser auténtica e íntegra. La vida necesita que seas tú misma para que lleves a cabo tu misión y te atrevas a brindarle al mundo tu luz propia. Permítete ser AUTÉNTI-

CA, déjame ayudarte a dejar UN LEGADO PARA LA ETERNIDAD, pregúntame cómo.

CUANDO TE EXPRESAS CON TU VERDAD, EL UNIVERSO TE ABRE UN ABANICO DE POSIBILIDADES.

Explicar tu historia desde tu verdad sanará esa imagen que has creado para ti, dejarás de sentir vergüenza y te abrirás en vulnerabilidad. Rodéate de gente positiva que acepte tu historia, ya que si continuas en un entorno hostil, invalidarán y se crearán dudas. A medida que trabajes en ello verás que se alejarán unas personas y se acercarán otras. Empezarás a crear espacios y relaciones saludables.

A partir de entonces te darás cuenta de que aquello que te daba miedo, ahora no tiene poder sobre ti. La escritura es sanadora, pertenecer a una tribu, dónde todas habéis superado una relación tóxica y cada una de vosotras se apoya y entiende a la otra.

Una vez llega a tu vida este nuevo reto, lo siguiente que debes hacer es celebrar tus éxitos, junto con tu tribu que es un lugar seguro como contigo misma celebrando tu esfuerzo y lo que has invertido en ti.

Observa ahora la vida con la mirada de una niña pequeña, con mirada de curiosidad, de alegría, de descubrimiento, de poder, de celebración. Te sentirás LIBRE y CREATIVA.

Estas más guapa cuando eres fuerte y recuperas tu poder.

Este momento de recuperación es uno de los más importantes ya que has abrazado al miedo y encuentras la paz que siempre buscabas, desaparece la vergüenza y aceptas todo lo ocurrido.

Has llegado hasta aquí y vas a lidiar una dura batalla. Por el momento te quitarás la corona de Reina y te pondrás tu armadura para batallar como la guerrera que eres. Deberás elegir lo que crees que deseas y lo que realmente necesitas. En este proceso de toma de decisiones, te sentirás con plena energía. Ahora ya eres dueña de tu energía y puedes lograrlo, **TÚ SABES QUE PUEDES LOGRARLO.**

A PARTIR DE AHORA TODO SERÁN PRUEBAS HACIA LO QUE PUEDES SENTIR Y DECIDIR.

Aviso: tu pasado puede estar presente en cualquier momento. Eres fuerte, valiente y con coraje. **TÚ PUEDES.**

SIGUE ADELANTE Y NUNCA TE DETENGAS.

TÚ ERES LA ÚNICA RESPONSABLE DE TU VIDA.

TRABAJA LOS 5 INGREDIENTES DE LA VULNERABILIDAD:

1. **Coraje.**
2. **Autenticidad.**
3. **Compromiso.**
4. **Honestidad.**
5. **Compasión.**

Más adelante hablaremos de este tema que considero básico a la hora de renacer a una nueva vida.

Donde empezarás a crear nuevos parámetros:
- Te relacionarás con una nueva tribu.
- Pondrás foco en tus sueños y objetivos.
- Darás un nuevo significado de la vida.
- Gozarás de crecimiento mental.
- Invertirás en ti, para sentirte más tú.
- Desearás contribuir dejando un legado.
- Tendrás más seguridad y coraje.
- Te has liberado de la vergüenza.
- Tu diálogo interno es más positivo.
- Vives en Paz y Serenidad.
- Irradias alegría.
- Ríes y Sonríes a la vida.
- Confías en tus nuevas relaciones.
- Te encuentras viviendo el presente.
- Gozarás de un aumento de resiliencia.
- Te mantendrás firme a tu verdad sin importar reacciones.

Ahora vives una vida llena de posibilidades.

Por ese motivo quiero presentarte mi Método Cenicienta®, donde ir acompañado será más fácil y te llevará más lejos.

¡TE ATREVES!

8.

Método Cenicienta®

¿Quién no conoce el cuento de la Cenicienta?

La Cenicienta es un cuento infantil clásico que transmite enseñanzas relacionadas con la humildad, la envidia, el egocentrismo y el perdón dentro de las relaciones tóxicas.

"La Cenicienta" relata la historia de una niña que quedó sola con su padre viudo. Había heredado de su madre una gran belleza, no solo física, sino también la belleza del corazón.

El padre de la niña se casa por segunda vez con una mujer con dos hijas. Esta madrastra representa todo lo malo, principalmente la envidia; y sus hijas eran un reflejo de ella, además comparadas con Cenicienta, eran personas totalmente desagradables.

Con el tiempo el hombre muere y la madrastra se adueña de toda la fortuna que, en realidad, le pertenecía a **Cenicienta**.

Ahora la niña debía encargarse de todas las tareas y servirla a ella y sus hijas. La habitación de la niña quedó para las otras dos jovencitas y ella pasó a dormir en un altillo sucio y descuidado.

En una ocasión el príncipe del pueblo buscaba esposa y se organizó una fiesta. Las dos hijas de la madrastra asistieron con hermosos vestidos y zapatos.

Cenicienta debía quedarse limpiando la casa, pero un **hada madrina** se le apareció para cumplir su deseo. Así fue como convirtió un perro, gatos y ratones en una carroza tirada por caballos blancos, le dio el mejor vestido y zapatos de cristal, con la condición de que regresase antes de la medianoche.

El príncipe, al ver a Cenicienta, se enamora de ella. A la medianoche, cuando ella intenta regresar pierde un zapato de cristal. El príncipe utiliza este zapato para buscar a la muchacha que lo enamoró entre todas las jóvenes del pueblo y así la encuentra.

Pero vamos más allá del cuento.

El cuento clásico de "**La Cenicienta**" enseña que los sueños pueden hacerse realidad. Si bien la historia tiene un toque mágico y en la vida real no es así, anima a las personas a ser optimistas y persistentes a pesar de las situaciones.

Como en todos los cuentos para niños, las personas buenas son las que ganan al final. En este caso **Cenicienta** recupera todo lo perdido y es feliz junto al Príncipe, su verdadero amor. Él también tiene un final feliz ya que luchó mucho para encontrarla.

Además, este cuento también enseña que la belleza interior no puede disimularse con vestidos y zapatos caros. En cambio, el buen corazón sí embellece todo el exterior.

El método Cenicienta® es un mecanismo único registrado, para recuperar tu poder, teniendo más claridad para tomar la decisión de salir de una relación tóxica y transformar tu vida.

Con este método vas a **Detectar**, a **Limpiar y Desbloquear Conectando contigo** y a **Grabar** una nueva historia.

Gracias a los **7 toques de varita mágica** pasarás de **CENICIENTA INVISIBLE** a **REINA INVENCIBLE**.

El método Cenicienta® lo creé para ayudar a todas las personas que se encuentran en una situación parecida a la mía, que vibran en mi misma frecuencia o se sientan identificadas. Quizás tú que me estás leyendo, te acabas de dar cuenta que estás viviendo una relación tóxica, pero no es con tu pareja, puede que sea con un familiar, en el trabajo o un amigo.

Lo creé realmente porque siempre me preguntaba:

¿Qué había hecho mal?

No existía un patrón de conducta fácil, sufrí agresiones verbales y psíquicas que en realidad son las menos evidentes ya que se esconden detrás de un patrón que en mi caso detecté. Aunque yo no paraba de preguntarme:

¿Cómo debo hacerlo bien?

Ilusa de mí, siempre creía que detrás del beso del perdón, él cambiaría y lo único que ocurría era que olvidaba las situaciones y modificaba la vida para que el desprecio apareciera días más tarde. Entraba en su ciclo del abuso, utilizando todas las máscaras del abusador.

Yo solo quería entender el ¿por qué?

Me creaba excusas.
Vivía llena de justificaciones.
Mentiras.
Disculpas.
Amenazas.

Empecé a ser INVISIBLE a los ojos de todos, desaparecieron mis amistades, no me relacionaba con nadie, mi vida estaba supeditada a una gran casa donde limpiar, cocinar, planchar y servir.

¿Me prostituí con mi propio marido por hacer de Cenicienta?

Lo siento, pero lo veo así, pasé casi 25 años más 4 años antes de casarnos anhelando su amor y él me lo ofrecía cuando yo aceptaba lo que me pedía.

¿Alguna vez habrías pensado que detrás de una mujer fuerte y segura de sí misma, podría aceptar una RELACIÓN TÓXICA?

Yo tampoco, hasta que te ves envuelta en su tela de araña, atrapada y como te enseñan que estás haciendo lo que la sociedad marca, pues crees que eso es lo normal.

¿Por qué siendo tan fuerte no le dejaste antes? Quizás esta pregunta te la estás cuestionando. Pues te diré que, tras tener a mi primer hijo, las amenazas de que, si me separaba de él, llegaron a través de mi hijo diciendo que no lo volvería a ver más, y eso cortó mis alas. Sé que era muy joven, no estaba preparada y no confiaba en nadie. Él tenia mi poder y yo cada vez más **INVISIBLE.**

Vivía en una constante **LUNA DE MIEL, DEVALUACIÓN, DESCARTE Y ATRACCIÓN**. No comprendía el ¿por qué? Semana tras semana, se producía esta secuencia donde negaba el hecho con excusas de no me acuerdo, perdóname. Llegué a pensar que quizás era yo, que exageraba, que le exigía, que lo imaginaba. Incluso llegué a creer que era **bipolar**.

Por otro lado, llegas a escuchar a personas que presencian algo similar, pero no quieres escuchar, porque él te promete que está confundido, que su conducta se debe a estrés, que seas más comprensiva y que todo mejorará. Fue así como aprendí a bailar con el miedo, la vergüenza, el rechazo y la culpa para sobrevivir.

Llegué a predecir para evitar los gritos, enfados y devaluaciones. Tapaba cualquier hecho, pero cuando veía que sus ojos se encendían, que sus venas se hinchaban y que su fuerza se desmesuraba, salía del medio para no sufrir.

En más de una ocasión me mentalicé para separarme, pero la frase de que me quitaría a mis hijos o que solicitaría custodia compartida y saber que mis hijos no estarían atendidos por su padre, me retuvo y me prometí que lo haría a la mayoría de edad de ambos.

Así que me ponía máscaras para salir de casa, le excusaba y le aceptaba todos sus caprichos. **TODO PARA SOBREVIVIR**.

SOBREVIVIR EN INERCIA. Esa INERCIA que no te deja salir de tu rueda, que como un hámster intentas parar, saltar, pero no puedes.

Solo me decía, no sé qué le ocurre, qué hago mal, si lo tenemos todo, pero…

¿Cómo puedo cambiar esta situación? Y acababa diciéndome, no busques fuera. Eres la única persona que sabe la Verdad de lo que realmente ocurre.

Tal y como te he explicado al principio de este libro una intervención estratégica transformó mi **GRITO DE DOLOR** en un **GRITO DE PODER**, recuperando el poder que me habían robado de pequeña.

Te aseguro que lo mejor que hice, fue mi trabajo interno.

¿Qué ganaba si me trabajaba? LIBERTAD.
¿Qué perdía? MI VIDA y la de mis HIJOS.

Así que desde el inicio de CARSARA, me armé de valor y entendí que podía ayudar a muchas mujeres. Entendí el daño que provoca a la familia y sobre todo a los hijos.

La clave para mantenerte viva durante el proceso es vivir desde el corazón, emitir todo el amor posible a tus hijos para que aprendan desde su propia experiencia.

Te puedo asegurar que tengo dos hijos maravillosos y me siento orgullosa de ellos, de su camino, de su trayectoria, y que, gracias a ellos, tuve la fuerza que me impulsó a decidir SEPARARME.

Sé que cuando sanas, e integras todo lo sufrido, aprendes una lección importantísima. Esa lección es la de:

ESTO ACABA AQUÍ Y CONMIGO.

No puedo Permitir dejar un Legado así a mis hijos. Me comprometí explicar al mundo mi historia para ayudar al máximo número de personas a Detectar, Limpiar y Conectar para por último Grabar un sueño maravilloso, encontrar a tu amor Verdadero. Te diré que existe, porque yo lo he encontrado y él me ha ayudado a identificar con más fuerza todas mis fortalezas.

Déjame que te cuente cómo he creado el método y qué puedes encontrar en él:

PASO 1
TÉCNICA DE LAS 12 CAMPANADAS
#12CAMPANADAS

EL TIEMPO ES VITAL EN NUESTRA VIDA Y MARCA EN LA TRAYECTORIA QUE ESTÁS.

LA PALABRA CLAVE DE ESTE PASO ES DETECTAR.

Para dejar de vivir en INERCIA y no perder tu poder debes salir de la rueda dando estos 4 pasos.

1. **FRENAR,** que te lo dicta el corazón.
2. **SALTAR,** que te lo dicta la mente.
3. **DECIDIR,** que visualizas tu misión.
4. **TOMAR ACCIÓN,** que puedes tomar acción.

El mayor riesgo que tenemos que enfrentar es ser vistos como somos en realidad. Lo que necesitamos está ante nosotros y solo necesitamos tener valor y ser generosos para verlo. No dejes que el miedo a perder te impida jugar porque todo empieza a MEDIANOCHE.

Desde pequeña me centré mucho en una noche mágica para mí, la noche de fin de año, donde dejamos atrás un año que, haciendo repaso podemos ver lo que hemos hecho bien y lo que no hemos hecho tan bien.

Cuando ese sonido tan característico de traspaso de año me impulsaba a soñar, a dejar atrás lo que había sucedido y a centrarme en lo que estaba por venir.

Yo siempre pedía 12 deseos, 1 por uva. La mayoría de las veces todos llegamos a esa fecha con cosas pendientes, y en realidad tampoco ese día vas a tener ganas de hacerlo. El error más grande es sentarse a ver cómo te motivas, o pensar que en algún momento quieres hacerlo.

Te aseguro que mirando atrás te puedo decir que se me han cumplido esos deseos, no pierdes nada por probarlo, aquí debajo te dejo el sonido de las 12 campanadas para que empieces a practicar, eso sí toma lápiz y papel, apunta todo lo que quieras y tómatelo como un aprendizaje. **Recuerda: todo lo que no se fija, se pierde.**

Las campanadas tardan 1 minuto y en ese minuto debes concentrarte en lo que realmente quieres, puedes repetir en cada campanada aquello que quieres. Solo piensa que todo puede cambiar y lograr retomar la ilusión de vivir, y una vez fijado lo que realmente quieres, estarás preparada para diseñar tu vida.

¿Cómo un simple truco puede crear un cambio tan drástico?

No te sentirás presa del miedo, la duda, la ira o cualquier otra emoción, todo lo contrario, al frenar tu ritmo, al saltar en el espacio tiempo, al decidir en qué vas a proyectar tus próximos días, y tomar acción de una forma positiva; dejas de lado que tu cerebro te sabotee y engrana tu reloj en tu mente hacia el cambio.

Con esta técnica jugarás, tendrás la habilidad y parecerá que haces magia, pero en realidad no es magia, es **EMOCIÓN**. Es un cambio de estado.

PASO 2
TÉCNICA R.E.R

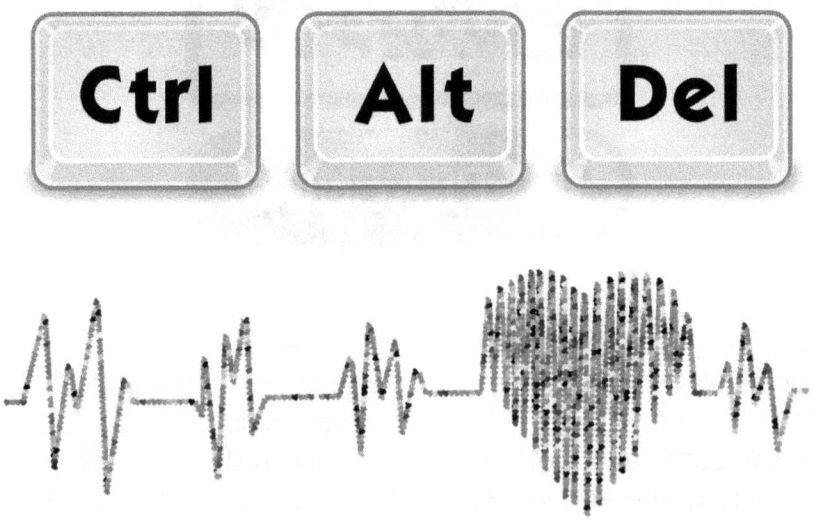

RESETEO EMOCIONAL REGRESIVO

Regresar al origen y descubrir lo que te quitó el poder, el momento en el cual tu corazón se rompe, buscar el desbloqueo instantáneo, limpiar ese recurso, emoción o acción y sanar la herida emocional que te limita la calidad de Vida.

LA PALABRA CLAVE DE ESTE PASO ES CONECTAR.

Conectar con ese momento, el momento que realmente te hizo una Cenicienta, que acostumbra a estar situado en una decisión tomada en tu infancia, momentos de estrés, buscando la aprobación de un padre, madre o tutor.

El cambio es posible si sabes descubrir y conectar la pieza correcta. Con esta técnica llegaremos a los patrones limitantes que han provocado la situación.

Recuperarás la Chispa Interior y visualizarás un objetivo. Esto es para ti si en tu pasado:

- Te robaron el poder.
- Sufriste un abuso.
- Relaciones tóxicas.
- Superación del duelo.
- Superación de la culpa.
- Empoderamiento.
- Eliminar Bloqueos.
- Conectar con tus emociones.
- Saber quién eres realmente.
- Liberar a tu niña interior.

Antes de realizar este trabajo debes trabajar **7 TOQUES DE VARITA MÁGICA PARA SALIR DE LA I.N.E.R.C.I.A.**

Donde trabajaremos los puntos principales:

I. IDENTIDAD.

N. NECESIDADES DEL CORAZÓN.

E. ESTADO REAL.

R. RESPETO Y CONFIANZA.

C. CONSTRUIR UN REINO.

I. INTEGRAR.

A. ANCLAREMOS PROGRAMA INVENCIBLE.

Para trabajar todas estas técnicas tengo un curso de 12 semanas donde te acompaño a descubrir tu momento Cenicienta. Si quieres información del curso **"Vida Nueva en 12 semanas"**, ponte en contacto conmigo.

Llegado a este momento, si hemos detectado, limpiado, desbloqueado, conectado, solo queda grabar y para ello utilizaremos el paso 3

PASO 3.
TÉCNICA R.E.C.
REPROGRAMACIÓN EMOCIONAL CONSCIENTE.

●REC

En este paso vas a reprogramar desde tu área emocional y haciéndote consciente que renovarás tu ADN, porque volverás a la zona cero.

Trabajas en profundidad tu Identidad, anclando tus nuevos valores, tus nuevas creencias y necesidades.

En este paso trabajas mucho la mentalidad nos enfocamos en los dos tipos de problemas que existen:

Problemas de seguridad. Que hacen quedarte en tu zona de confort, como la tristeza, la ansiedad, la procrastinación y previenen el otro tipo de problemas. Este tipo de problemas tiene un resultado conocido y nada cambia.

Problemas de calidad. Te obligan a salir de tu zona de confort y crecer como persona. Su resultado es desconocido porque implica riesgo, como por ejemplo un divorcio.

Empieza por identificar siguiendo este ejercicio sencillo:

FORTALEZAS	DEBILIDADES	MIEDOS

Las fortalezas hay que apoyarlas.

Las debilidades hay que entrenarlas.

Los miedos hay que pasar a la acción.

Abraza e integra cada uno de los pasos y Apasiónate para Disfrutar de la Vida **(ADV)**

Ama la incertidumbre, cualquier cosa puede pasar, por eso debes amarla, lo más probable es que así empiecen a ocurrir cosas buenas.

> *NO IMPORTA EL DOLOR QUE TENGA TU CORAZÓN, SI SIGUES CREYENDO, EL DESEO QUE QUIERES SE HARÁ REALIDAD.*

Ahora toca desnudarse y volverse a vestir, no te detengas ahora y descubre como la vulnerabilidad empieza con uno mismo.

9.

La vulnerabilidad empieza con uno mismo.

Si digo que lo importante no es cómo te caes, sino cómo te levantas, me estoy enfocando en aspectos muy distintos en realidad.

Para empezar aquí y ahora, describiría la vulnerabilidad como la necesidad de comprender la necesidad de victoria o derrota, implicándose desde dentro, empezando contigo.

La vulnerabilidad es implicarnos, es nuestra voluntad de reconocer y conectar lo que determina la fuerza de nuestro coraje y la claridad de nuestro objetivo; sin embargo, nuestro miedo y nuestra desconexión determinan el grado en que nos protegemos de ser vulnerables.

Ser Vulnerables no es sinónimo de Debilidad.

Me pasé toda mi vida intentando ser perfecta y que nada me afectara para no sufrir, sacrificándome en mi relación tóxica y oportunidades de felicidad que son irrecuperables.

Todo ser humano conecta con otros gracias a los tres pilares **T.A.D.**, **TEMEMOS** a la **MUERTE**, **ANHELAMOS AMOR** y **DESEAMOS** tener más **TIEMPO**.

Dando la espalda a nuestras aptitudes y actitudes donde nuestras contribuciones son únicas.

Hemos de atrevernos a dar la cara y dejarnos ver. Eso es realmente la vulnerabilidad, atreverse a arriesgarse sabiendo que puede salir mal, a pesar de ello, reconocer que no será un fracaso, sino que será parte de nuestro éxito de aprendizaje.

Hoy aquí voy a descubrirte lo que me he trabajado, abriéndote mi corazón.

1. Llegar al punto que no me importe lo que piensen los demás, conseguí autenticidad.
2. Dejé de lado ser super perfecta, conseguí autocompasión.
3. Abracé al miedo y la escasez, conseguí gratitud y abundancia.
4. Dejé de compararme, conseguí aumentar mi creatividad.
5. Dejé los estados ansiosos, conseguí calma, paz y serenidad.
6. Dejé la rigidez frente a lo que está bien o mal, conseguí risas, baile, diversión.
7. Dejé las dudas sobre mí, conseguí que mi vida tuviera sentido.
8. Dejé de sentirme impotente frente a situaciones, conseguí ser resiliente.

9. Dejé de buscar, conseguí confiar e intuir.
10. Dejé de ser quién otros querían que fuera, conseguí ser YO.

Cultivar el coraje, la autenticidad, el compromiso, la honestidad y la compasión te llevan directamente a un estado vulnerable. Eso te lleva a poder afirmar que eres imperfectamente perfecta y vulnerable, que tienes miedo, pero que los abrazas y das un paso adelante hacia tus sueños y que eso no cambia el hecho de ser valiente y que me amen.

La vulnerabilidad se haya en el corazón, es nuestra esencia y el centro de todas las experiencias que realizamos.

¿Cómo podía arriesgarme a ser quién soy, a explicar mis miserias, si ya me había mostrado?

¿Qué pasaría con esa máscara que me había puesto delante de todos vosotros?

Y aunque la parte de mi matrimonio la había obviado, porque nunca hablé de él, me sentía en deuda con vosotros. Es por eso por lo que al principio del libro os decía: **"Antes de nada, te pido disculpas, tenía miedo y vergüenza y lo único que sabía hacer era huir y esconderme, uno de los pilares de la tríada del miedo."**

Mi primer momento de tomar riesgos fue en noviembre del 2017, cuando tenía muy claro que quería salir de la situación donde estaba.

Con los años he aprendido que, aunque esté segura de mí misma y vaya con seguridad, pisando fuerte, tropiezo, caigo y debo cambiar el rumbo muchas veces. He de decirte que el viaje por mi vida no ha sido fácil, pero para mí ha valido la pena, porque hoy soy la mujer que soy GRACIAS a todos los desafíos que he vivido.

Últimamente, comparto que lo más importante en la vida es lo que sé, pero hoy en día puedo decir que lo que soy es muchísimo más importante. Al fin y al cabo, he venido a vivir, no a cultivar conocimientos sin fin.

Así que vamos a empezar por valorar nuestro día a día, viendo que somos vulnerables y que podemos mejorar. En el momento en que el juicio y la crítica desaparece, tu vulnerabilidad se deja ver.

Cuántas veces te has levantado diciendo "no he dormido lo suficiente", "no tengo tiempo suficiente", en realidad esas frases nos enfocan en que nunca es suficiente, creándote un patrón.

La escasez no llega de la noche a la mañana, pero el sentimiento se apodera de ti diariamente. Pequeños pasos, hacen el anclaje de la emoción.

Preocuparte por la escasez es la forma que tiene de manifestarse el síndrome postraumático en un divorcio. Recuerdo que uno de los momentos más significativos para mí, fue pensar que perdería todo lo que tenía porque empezaba de cero.

¿Podría darles a mis hijos la vida que merecen?
Estaba asustada, enfadada, me peleaba.

Entré en la fórmula de la vergüenza, comparación y desconexión. Hasta que frené y quise sanar, lo cual exigía mi parte más vulnerable de mí, para mostrar todo mi proceso y empezar a tomar decisiones.

VERGÜENZA

TRÍADA DE LA ESCASEZ

DESCONEXIÓN   COMPARACIÓN

Para superar esta tríada debes trabajar todos los días y hace falta ser **CONSCIENTE DE LA VIDA, COMPROMETERSE Y TRABAJARLO.**

En el momento que, todo esto se lleva en marcha nos atrevemos a SER y tomamos decisiones para vivir desde la abundancia y dispuestos a vivir una vida llena de vulnerabilidad.

He descubierto que el camino que te lleva directo a tus sueños es el camino de la vulnerabilidad. El peligro que existe es que creamos que es sentir debilidad.

La vulnerabilidad es verdad, es valor, es exposición. La vulnerabilidad es estar desnudo en un escenario esperando los aplausos sin oír una carcajada. Estar vivo es SER VULNERABLE.

Ahora pregúntate:

¿Qué hago cuando expongo mis emociones?
¿Cómo actúo si siento inseguridad?
¿Me atrevo a tener riesgos emocionales?

Una vez respondidas te diré que la vulnerabilidad es compartir nuestras emociones y sentimientos con las personas que se han ganado el privilegio de escucharlas.

Debes saber con quién compartir una confidencialidad ya que si no sería más desesperación que vulnerabilidad. Confiar en alguien es el primer paso para mostrarse vulnerable, y de esta forma te ayuda a salir de la zona en donde te encuentras.

Hasta que no seamos capaces de dar, abriendo nuestro corazón, no seremos capaces de recibir con el corazón abierto.

Todos necesitamos ayuda. La frase yo puedo hacerlo sola, te sonará y en realidad te da fuerza, pero necesitamos a otras personas para caminar y llegar más lejos, solas lo único que haremos quizás será llegar más rápido, pero en el fondo te sentirás vacía y sola.

SE NECESITA CORAJE PARA SER QUIÉN REALMENTE ERES.

Nada ha transformado más mi vida que arriesgarme a atreverme a SER yo misma. Darme cuenta que lo cambió todo.

Te puedo asegurar que cuando empecé esta andadura de escritora lo hice sin pensar, luego sabía que la vulnerabilidad sería la base de crecimiento. La mente y mis preguntas me jugaron una mala pasada y por aquel entonces no tenía pareja en la que apoyarme.

Me di cuenta de que mi autoestima iba ligada a lo que había creado. Si gustaba es que yo era buena y sino, no. Le había puesto tanto amor a mi saga que me aterraba saber lo que pensaban. Cuando vinculas tu amor propio a tu creación, has entregado tu autoestima, a la opinión de la gente. Así que recuperé mi autoestima dejé, de preguntarme y vi resultados. Si miles de personas tienen mis libros y me han llegado mensajes dándome las gracias, debo dejar la vergüenza de lado que no me deja crecer y abrirme en vulnerabilidad.

Con este libro solo quiero mostrar justo eso, mi parte más vulnerable, sin esperar nada más que mi propia satisfacción por arriesgarme a atreverme a SER. A mostrar mi historia y a darla a conocer para que más de una mujer se atreva a decir **¡basta ya!**

Otra faceta de mi vulnerabilidad.

Cuando realmente descubrí el origen del patrón emocional que me había marcado toda mi vida, entré en desesperación. Aunque en realidad quería aclarar la vergüenza, la culpa, la humillación y el bochorno que sentía.

De la única forma posible que encontré liberarme de todo ello, era siendo resiliente. Empecé a descifrar cual había sido mi patrón del miedo durante toda mi vida.

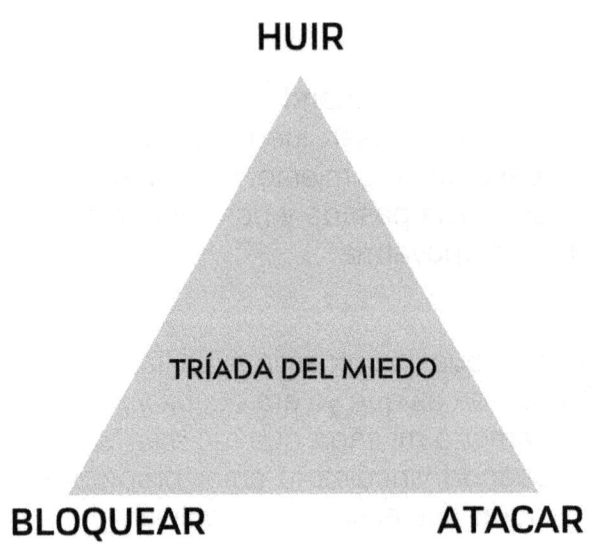

Y lo encontré, frente a cualquier situación huía o me bloqueaba y así cada día perdía un poquito más mi poder.

9. Te aseguro que si practicas todo lo que aquí te he mostrado podrás ver que funciona. Es una forma maravillosa de salir del modo supervivencia de tu cerebro reptiliano y situarlo en la corteza prefrontal donde debe estar.

En ese momento puedes reconocer tus síntomas físicos que te permiten resetear tu cerebro para instalar nuevas creencias.

1. Practica el coraje y la apertura.
2. Hablar contigo misma desde el corazón.
3. Reconocer tu historia.

Si aceptas tu historia, el final lo escribes tú.

No estás sola, yo estoy aquí para ayudarte. Recuerda que no eres lo que te ha sucedido, sino aquello en lo que te has convertido.

En esa etapa donde me recuperaba y crecía mi vulnerabilidad leí:

No podemos
LEVANTARNOS
MÁS FUERTES
TRAS UNA CAÍDA
si estamos
HUYENDO.

Así que empecé a perdonar y perdonarme. Perdonar es la mejor forma de interés propio, es un proceso que no excluye ni la rabia ni el odio. Cuando hablo de perdón, hablo de salir de la fosa del Ser Humano siendo mejor persona. Mejor que la que se deja consumir por la rabia y el odio. Ya que si permaneces en ese estado caes en victimismo y en dependencia con tu abusador.

En el momento que empiezas a descubrir eso y perdonas, romperás los vínculos con tu abusador. Podrás seguir tu camino, diseñar una nueva vida.

El proceso del perdón es recuperar y sanar nuestras vidas para poder vivir desde la verdad.

Descubrí que parte de la liberación es el proceso de darle nombre a nuestras experiencias y de asumir nuestra historia, además de conducirnos a traer al presente mayor claridad, sabiduría y autoestima.

Mi pregunta aquel noviembre fue:

¿Qué ha de terminar o morir para que tenga una nueva vida?

La respuesta fue fácil:

SALIR DE MI RELACIÓN TÓXICA.

LIBERARME DE QUIÉN CREÍA SER Y ABRAZAR A QUIÉN REALMENTE SOY.

Quiero ser totalmente vulnerable contigo, todo lo que he explicado aquí es fruto de mi experiencia personal, de mi crecimiento personal, de mi trabajo con mi coach, de horas y horas de lectura.

PUEDO AYUDARTE, PERO…

AVISO SOBRE TUS RESULTADOS.

No te prometo nada.

Las personas con las que trabajo son personas reales que se han comprometido en su proceso y quieren invertir en ellas.

El que ellas lo hayan conseguido, no significa que tú puedas.

SOLO DEPENDE DE TU COMPROMISO Y DE TUS GANAS.

¿Cuál es el siguiente paso?

▲ NUEVAS RELACIONES.

Ahora no voy a entrar en trabajar tu nueva relación, eso lo dejo para otra ocasión. Pero sí que te puedo facilitar las características del amor verdadero.

AMOR VERDADERO.

- TE TRATAN CON RESPETO.
- TE DEFIENDEN.
- CREEN EN TI.
- TE ESCUCHAN.
- REALMENTE TE CONOCEN.
- RESPETAN TUS SENTIMIENTOS.
- QUIEREN QUE SEAS FELIZ.
- SEXO: TE APRECIAN, AMAN TU CUERPO Y LES ENCANTA DARTE PLACER.
- AMAN COMPLACERTE Y CELEBRARTE.
- TE VALORAN.
- DISFRUTAN DE TU COMPAÑÍA.
- TE TRATAN CON AMABILIDAD.
- SE SIENTEN ORGULLOSOS CUANDO TRIUNFAS.
- SIENTEN EMPATÍA CUANDO TE SIENTES MAL.
- SU HONESTIDAD PROVIENE DEL AMOR.
- TE DEFIENDEN ANTE LOS DEMÁS.
- SE PREOCUPAN POR TI.
- CONFIAN Y RESPETAN TUS INSTINTOS.
- TE ALIENTAN.
- TE AMAN.

SINTETIZANDO.

Para recuperarte de una relación tóxica te propongo:

1. Admite que has vivido una relación tóxica, que es una carga para ti.

2. Reconoce que, si quieres, puedes y dispones de toda la fuerza para sanarte y vivir la vida que mereces.

3. Aprende a confiar en quiénes te apoyan.

4. Reconoce que sin querer te dañas.

5. Admite como te exiges más allá de tus límites.

6. Abandona las viejas formas de pensar y sentir porque ya no encajan en tu vida.

7. Reconoce con humildad que necesitas ayuda para sanar tu historia.

8. Ofrécete la posibilidad de reparar todo daño que te has causado por mantener la relación.

9. Date permiso para perdonar tu pasado y perdonarte.

10. Date permiso de caer y levantarte. Caer está permitido, levantarse es obligado.

11. Activa tu intuición y conecta con tu parte del SER.

12. Trasmite tu verdad a quién quiera conocerla.

13. Al final siempre amanece y vives en consonancia a quién tú eres.

14. Pasar por una experiencia así, te trae mucha claridad en tu vida, se necesita coraje para ser quién has venido a ser.

Cómo reconocer que has vivido en una relación tóxica:

1. Es el perfecto ausente, no está a tu lado ni en momentos difíciles, ni de crisis.

2. No asume responsabilidad, respecto a la vida en pareja.

3. Piensa que si se preocupa es débil y dependiente.

4. Llora y simula emociones para atacarte psicológicamente.

5. No se preocupa de fechas de aniversarios ni cumpleaños porque dice que no tiene memoria.

6. Desaparece sin dar señales, te evita, se marcha poniendo siempre un pretexto.

7. Nunca se siente culpable por nada, ni responsable.

8. Utiliza el sexo como herramienta de control.

9. Rompe sus promesas, pactos o acuerdos.

10. No respeta tus espacios, tu intimidad.

11. Te aparta de su familia y de sus amigos.

12. No cuenta nada de su pasado.

13. Corta comunicación o nula, basada en silencios.

14. Te engaña o traiciona recurrentemente haciendo lo que le apetece.

15. Tiene periodos de desaparición en los que no cuenta nada.

16. Crea dolorosas situaciones de ansiedad.

17. Nunca te apoya en lo que haces y parece menospreciar tus puntos de vista.

18. Tiene fascinación por el fetichismo sexual o la pornografía.

19. No valora ni ama la maravillosa persona que hay en ti.

20. Vive parasitariamente de ti, aprovechándose de tu esfuerzo, dinero, apoyo social. No siente gratitud o reconocimiento y cree que se lo debes porque sí.

21. No tiene conciencia, no tiene emociones, no tiene miedo, no tiene compasión, no tiene empatía, no tiene piedad.

RECUERDA:

¡SABES QUE LO PUEDES LOGRAR!

CONTRATO CONMIGO.

Llegado este momento es importante que te comprometas contigo misma. Aquí encontrarás el contrato que deberás rellenar. Una vez lo tengas, recorta la hoja y ponlo dónde puedas verlo siempre.

En el día___del mes de_____del año_____,

YO, _____(nombre y apellidos) consciente y responsable de mi obligación de cuidar de mí misma y de poner todos los medios para alcanzar mi felicidad,

acuerdo lo siguiente,

ME PROMETO A MÍ MISMA no aguantar ningún tipo de humillación ni carga emocional que se derive de mantener una relación personal con _____(tu abusador).

ME PROMETO A MÍ MISMA no mantener relaciones con nadie que tenga que invertir tanto a cambio de obtener poco.

ME PROMETO A MÍ MISMA amarme, cuidarme y respetarme tanto en la salud como en la enfermedad todos los días de mi vida.

ME PROMETO A MÍ MISMA promover mi felicidad, mi salud física y mi bienestar psicológico.

ME PROMETO A MÍ MISMA que no voy a permitir que mi experiencia con _____ (tu abusador) arruine mis futuras relaciones con otras personas.

ME PROMETO A MÍ MISMA aceptar todos los aprendizajes que esta experiencia me ha aportado y regresar a mi auténtica identidad, reconociendo que soy perfecta tal como soy y completa para alcanzar la felicidad plena y la paz en mi vida.

ME PROMETO A MÍ MISMA gozar de coraje, seguridad, amor y alegría, porque YO YA NACÍ GANANDO.

Firmado,

_____

GUÍA RÁPIDA.

- Reconoces tu GRITO DE DOLOR.
- Recuperas las Riendas de tu Vida.
- Te empoderas haciéndote responsable de tus decisiones.
- Te das cuenta de que ya no eres una CENICIENTA INVISIBLE.
- A medida que cambias tu estado de poder, tu realidad cambia.
- La indefensión aprendida empieza a disminuir.
- Crees en ti y en tu capacidad de encontrar una solución.
- Entras en el punto de inflexión en la transformación.
- Reconoces el origen que te mantuvo atado todo este tiempo.
- Le plantas cara a tu mayor miedo, el que guardaste para sobrevivir.
- Te quitas las máscaras.
- Empiezas a decir NO, te sientes auténtica.
- El vínculo traumático se rompe.
- Abrazas al miedo y avanzas liberándote de él.
- Muere la vergüenza.
- Nace tu nueva identidad.

- Se alivia la ansiedad.
- Decides terminar con algunas relaciones que te atan al pasado.
- Empiezas a luchar por algo nuevo.
- Lo que creías querer entra en conflicto con lo que necesitas.
- Confirmas tu vulnerabilidad y confianza propia.
- La decisión que tomes será por tu bien.
- Cierras la puerta a tu antigua realidad y abres una ventana a un infinito lleno de estrellas.
- Te liberas de tu tensión.
- Recuperas tu autoconfianza.
- Te apropias de tu realidad.

¡SABES QUE LO PUEDES LOGRAR!

Si has llegado hasta aquí, enhorabuena porque has apostado por tu VIDA NUEVA.

Si necesitas ayuda no dudes en contactar conmigo, coge hora en mi agenda, y tenemos una sesión de 30 minutos.

ARRIÉSGATE Y ATRÉVETE A SER

BIOGRAFÍA

Soy Carmen Sales Ramírez, autora de la Saga Aliento de Vida.

Trabajo como directora financiera en una multinacional italiana, y lo compagino con mi Pasión: ayudar a las personas a empoderarse y vivir en su mejor versión.

Para llevar esa ayuda al mayor número de personas posible, he fundado CARSARA, empresa que utiliza el coaching y la intervención estratégica para llevar a cabo su Misión, además de otras muchas herramientas de intervención que he ido adquiriendo a lo largo del tiempo.

Participo activamente en eventos, congresos y ponencias, siempre con el objetivo de difundir el mensaje de que todos tenemos ya un enorme potencial, que podemos descubrir y vivir una vida más plena.

Formadora y Mentora del Método Cenicienta® y el Sistema Ulpe.

Te invito y ayudo a apasionarte Diseñando tu Vida.

Visita mi web: https://www.carmensalesramirez.com/

ALIENTO DE VIDA

El Poder de la Transformación.

Aliento de Vida es una GUÍA para ti, para ver en tu interior y sacar todos los misterios que escondes.

Te ayudo a descubrir la inmensidad de tu vida, ser consciente y percibir la realidad sin importar el motivo ni el objetivo.

Te acompañaré dándote libertad para que tú elijas el momento adecuado, porque debes ser consciente con voluntad propia, y así permitirás que aflore la sabiduría que hay en ti, porque soy el canal para que lo recuerdes todo.

Podrás comprobar que lo más importante es Acción, y te enseñará a dar el golpe maestro a tu vida, a todo color, para conseguir la armonía.

Ese golpe es tu **ALIENTO de VIDA**, pero él elegirá el momento perfecto y tú debes estar preparado. Te ayudará a encontrar el camino desde el corazón, tu cámara secreta.

TÚ TIENES EL PODER, ERES INVENCIBLE.

¿Quieres conocer más?

BRÚJULA

La Sabiduría de la Orientación.

No cabe duda de que la vida es una aventura que nos trae muchas sorpresas y encrucijadas. Saber elegir el camino correcto para alcanzar nuestros objetivos no es tarea fácil. Ya habrás comprobado que la vida no viene con manual de instrucciones. Sin embargo, es posible tener una guía tomando referencias basadas en experiencias de aquellos que nos precedieron.

La saga **ALIENTO DE VIDA** te permitirá abrir todas esas puertas que requieres para lograr la felicidad.

Con **BRÚJULA** te ayudaré a localizar el origen de tu sabiduría y la haré sobresalir para que te orientes de forma eficiente hacia el éxito en tu vida. Te abriré los ojos a realidades que considerabas inexistentes. Este cambio de percepción aportará una actitud más positiva y beneficiosa para llegar a un buen destino.

¿Te atreves a entrar en el laberinto?

¿Te atreves a soñar?

¿Quieres que te ayude a descubrir la magia de tu destino?

BRÚJULA es un paso más allá para mejorar cada aspecto de tu vida.

Una NUEVA ORIENTACIÓN que te aportará luz para una vida feliz.

TUS SIE7E PODERES

El Amor del Invencible.

Tú ERES una persona poderosa, creativa, llena de magia, capaz de ser, hacer y tener todo lo que quieras en la VIDA; capaz de hacer lo que amas con Divina Pasión y a tu manera, porque tú ERES perfecta. ERES INVENCIBLE.

El último tomo de la Saga **ALIENTO DE VIDA** te permitirá abrir todas esas puertas hacia el éxito y la abundancia.

TUS SIE7E PODERES te descubrirá la magia de tu Arcoíris personal a través de un exquisito viaje que desvelará las claves en tu mapa del Tesoro.

¿Te atreves a crear Magia?

¿Te atreves a coronarte como REY/REINA?

Ha llegado tu momento:
AHORA SOLO IMPORTAS TÚ.

Con Tus Sie7e Poderes has elegido totalmente tus creencias, tus emociones, has despertado del letargo porque ahora ya crees en ti. Ahora ya eres libre y estás preparado para crear tu propia vida alineada con tu objetivo, creando tu propio mapa hacia el éxito que desees conseguir.

Descubrirás que tu vida ha mejorado y en el proceso también mejorará la vida de los que te rodean.

ERES INVENCIBLE porque
AQUÍ Y AHORA HONRAS TU TIEMPO Y
CREAS UNA VIDA EXTRAORDINARIAMENTE
MÁGICA.

LA CLAVE PARA VIVIR UNA RELACIÓN EXTRAORDINARIA ES VIVIR SIEMPRE, SIEMPRE, SIEMPRE DESDE EL CORAZÓN

Querido Lector:
Gracias a ti la SAGA es posible.
Gracias por darme tanto.

www.ingramcontent.com/pod-product-compliance
Lightning Source LLC
Chambersburg PA
CBHW071424160426
43195CB00013B/1799